아빠표 어린이 게임 코딩

게임 세계에 갇힌 아빠를 구해라
아빠표 어린이 게임 코딩

초　판 | 1쇄 2018년 05월 08일

지은이 | 이상진
발행인 | 이민호

발　행 | 남가람북스
등　록 | 2014년 12월 31일 제 2014-000040호
주　소 | 인천광역시 연수구 송도미래로 30, E동 1910호
전　화 | 032 506 3536
팩　스 | 0303 3446 3536
홈페이지 | www.namgarambooks.co.kr

편　집 | 남가람북스 편집팀
디자인 | 강민정
그　림 | 한주형

ISBN | 979-11-954845-9-1

이 책은 저작권법에 따라 보호받는 저작물이므로 무단 전재와 무단 복제를 금지하며, 이 책 내용의 전부 또는 일부를 이용하려면 반드시 저작권자와 남가람북스의 서면 동의를 받아야 합니다.
책값은 표지 뒷면에 있습니다.
잘못된 책은 구입하신 곳에서 바꾸어 드립니다.

아빠표
어린이 게임 코딩

남가람북스

차례

저자 서문 8

등장 인물 소개 14

함께 여행을 떠나요 16

컴퓨터 게임을 만드는 방법 22

   코딩을 시작하는 마법 지팡이, 개발 도구 24

     Why 왜 파이썬인가요? 24

     Why 다운로드 버튼 숫자가 달라요! 26

   게임을 만드는 주문서, 파이게임 31

     Why 오류 메시지가 떠요! 32

어려운 계산도 척척 ······ 36
파이썬 계산기 ······ 38

변수가 뭐예요? ······ 42
우주선을 움직이려면 변수가 필요해! ······ 46
Why print 함수가 뭐예요? ······ 52
Why 저장할 숫자 없이 변수만 만들 수는 없나요? ······ 53

똑같은 걸 반복하는 건 귀찮아! ······ 56
게임에 꼭 필요한 반복문 while ······ 58
범위를 이용한 반복문 for ······ 61

만약에 ~ 라면, 아니라면? ·············· 66
만약을 대비하는 if문 ·············· 72

랜덤 모듈과 변수로 마법 부리기 ·············· 80
예측할 수 없는 게 더 재밌어! 랜덤 모듈 ·············· 84

더 재밌는 게임을 만드는 소스 관리하기 ·············· 88
차근차근, 안전하게 게임을 완성하기 위한 소스 코드 저장하기 ··· 92

함수로 아바타 만들기 ·············· 98
시키는 대로 척척, 함수 1 ·············· 102
Why 함수에도 이름이 있다고? ·············· 103

시키는 대로 척척, 함수 2 ·· 108

게임 구현하기 ·· 120

Why 게임을 개발하는 A to Z ·· 128

여행을 마무리하며 ·· 129

부록 ·· 132

Why 더 재밌는 게임을 만드는 파일을 더하자! ·· 132

최종 소스: m015.py ·· 134

저자 서문

즐거운 코딩 세계로 뛰어든 어린이 친구들에게

안녕하세요. 즐거운 게임 코딩 세계에 오신 것을 환영합니다. 저는 이 책을 쓴 시경이 아빠입니다. 시경이는 이 책을 쓰기 시작했을 때 초등학교 4학년이었습니다. 여러분들처럼 시경이는 게임을 좋아하고, 게임을 너무 만들고 싶어 했어요. 그래서 저와 함께 코딩을 배워가며 이 책에 나오는 게임 소스를 하나씩 만들어 갔답니다. 친구 여러분도 이 책을 통해 게임을 어떻게 만들 수 있는지 배웠으면 좋겠습니다.

◀ 아빠와 코딩 공부를 하고 있는 시경이

▲ 아빠와 시경이가 함께 만든 게임

게임을 만들면서 재미있고 신날 때도 있지만 가끔은 어렵고 막막할 때가 있어요. 그럴 때는 이 책에 실린 동영상 QR 코드와 소스를 다운로드 받을 수 있는 QR 코드를 이용해 주세요. 아빠, 엄마와 함께 한다면 더 즐겁게 게임 코딩을 할 수 있을 거예요.

아이와 함께 게임을 만들 아빠 그리고 엄마에게

이 책은 저자가 컴퓨터 게임에 관심을 갖게 된 초등 4학년 아들을 보며 아들이 직접 게임을 만들어 보는건 어떨까? 아빠가 아들에게 제안하면서 시작된 책입니다.

2019년부터는 초등학생들도 코딩 교육을 받는다며 여기저기서 코딩에 대해 이야기하고 있습니다. 그러나 막상 부모가 코딩이 무엇인지 아이에게 도움을 주고싶어도 어디서부터 어떻게 해야할지 막연하기만 합니다.

이 책도 이런 막연함에서 시작되었지만 아들과 어떤 게임을 만들어 보고 싶은지 이야기를 해나가면서 게임을 만들기 위해 필요한 다양한 내용들을 아들의 일상 속 이야기 속에서 한 단계 한 단계씩 그 과정을 밟으며 설명하고 있습니다.

부모님들께서 아이와 함께 책에서 이야기하는 것을 자연스럽게 따라서 가다 보면 게임을 하나 만드는 데 필요한 다양한 지식과 과정들을 배울 수 있게 됩니다. 눈에 보이는 재밌는 게임 뒤에 숨어있는 코딩의 과정을 배우면서 아이들이 코딩이 이런 것이구나를 자연스럽게 익힐 수 있습니다.

혹시 게임에만 온통 마음이 빼앗긴 아이 때문에 고민이 되시나요? 아이와 직접 게임을 만들어 보는 경험을 통해 그 마음의 동기를 긍정적인 방향으로 바꾸어 보면 어떨까요?

이 책이 게임을 좋아하는 우리 아이들에게 오히려 코딩을 배울 수 있는 멋진 기회를 제공해 주는 코딩의 첫 책이 될 수 있을 겁니다.

끝으로 사랑하는 아내와 딸 시은이 그리고 아들 시경이에게 감사의 마음을 전합니다. 이 책을 나오도록 수고해주신 남가람북스 이민호 대표님과 편집 팀/디자인 팀에게도 감사드립니다.

등장 인물 소개

시경
게임과 모험 그리고 동물을 좋아하는 초등학교 5학년 남학생. 자존심이 강하며 겉으로는 퉁명스럽게 보이지만, 사실 속은 따뜻하다. 재미없거나 귀찮은 일, 특히 수학을 싫어한다.

토리
시경이가 키우는 햄스터. 폭신한 톱밥과 해바라기 씨를 세상에서 제일 좋아한다. 예민한 성격에 조금 덜렁거리는 면도 있지만, 시경이를 좋아하고 잘 따른다. 세상 편한 햄스터인 줄로만 알았지만, 시경이가 위험에 처하자 아무도 모르게 숨겨 두었던 비밀을 털어놓기 시작하는데…

흰 모자 마법사
아이들에게 코딩 가르치는 것을 좋아하는 정의의 마법사. 친절하고 느긋한 성격에 배려심이 깊다. 예의가 없거나 무례한 사람을 싫어한다.

검은 모자 마법사
아이들을 꼬드겨서 범죄를 짓게 하는 검은 모자 마법사. 어쩐지 헐렁한 구석이 있는 흰 모자 마법사와 달리 늘 검은색 썬글라스를 끼고 까만 정장을 차려 입고 있지만, 어딘지 모르게 흰 모자 마법사와 닮은 구석이 있다. 성격이 무척 급한데다 자기 자랑하기를 좋아하고 다른 사람의 이야기를 듣는 것은 무척 싫어한다.

커널 예언자
컴퓨터 세계를 관리하는 프로그램. 컴퓨터 세계에서 어려움을 겪고 있는 사람들에게 도움을 준다. 착한 사람이든 악당이든 모두에게 공평해야 하지만, 은근히 "선"을 지지한다.

아빠
늘 잦은 출장으로 바쁘시지만, 시간이 날 때마다 시경이가 좋아하는 게임을 함께 해주는 자상한 아빠다.

엄마
집안 일도, 회사 일도 열심히 하는 워킹맘! 너무 바쁘셔서 집에서도 늘 회사 일에 시달리느라 목소리만 들린다.

함께 여행을 떠나요

공중에 뜬 거대한 용이 위협적으로 날개를 휘두릅니다. 얼마나 큰 용이었던지 날개를 펄럭일 때마다 세찬 바람에 몸이 기우뚱 기우뚱 할 정도였습니다. 커다란 용 앞에는 망토를 두르고 흰 모자를 쓴 마법사가 뒷모습을 보이며 지팡이를 휘두르며 소리쳤습니다.

"비겁한 검은 모자 마법사! 버그로 공격을 하다니!"

그러자 용이 입을 크게 벌려 웃는 것 같은 표정을 짓습니다.

"우하하! 날 너무 얕잡아 봤어."

"하지만 아직 끝난 건 아니야."

"과연 그럴까?"

함께 여행을 떠나요

용이 입에서 부글부글 소리를 내더니 거센 불을 뿜으며 흰 모자 마법사 위로 쿵! 소리를 내며 앉았습니다. 용의 커다란 발 밑에 깔린 흰 모자 마법사가 발버둥치며 소리쳤습니다.

"안 돼! 시경아, 도와줘!"

비명 소리에 화들짝 놀라 일어난 시경이는 잠이 덜 깬 눈으로 주변을 둘러보았습니다. 책상 위에는 "차원의 문, 게임" 검색 화면을 띄운 모니터와 구겨진 수학 노트, 지저분하게 굴러다니는 연필과 지우개 그리고 햄스터 우리 안에는 지난 생일 아빠가 선물로 사주신 작은 햄스터, 토리가 열심히 쳇바퀴를 뛰고 있습니다. 그제야 시경이는 수학 숙제도 내팽개치고 인터넷을 하다 잠들었다는 걸 기억해내고는 안도의 한숨을 쉬었어요. 그때 방문 밖에서 엄마의 목소리가 들려왔습니다.

"시경아~ 숙제는 다했니?"

화들짝 놀란 시경이 "차원의 문, 게임"을 검색하던 인터넷 화면을 후다닥 내리며 소리쳤어요.

"네, 네! 지금 하고 있어요!"

"얼른 끝내고 저녁 먹어야지~"

"알았어요 엄마~"

잠시 숨을 죽이고 방문 바깥 소리를 듣던 시경이는 다시 "차원의 문, 게임"을 검색한 인터넷 화면을 띄우며 한숨을 쉬었어요.

"기억이 날 듯 말 듯 하단 말야. 그때 아빠랑 했던 게임 이름이 '차원의 문' 어쩌고 했던 것 같은데. 토리야, 너는 기억나?"

여전히 쳇바퀴 위를 신나게 달리던 토리는 자기를 부르는 시경이의 목소리에 달리던 발을 멈추고 고개를 갸웃거렸어요.

"그, 왜 있잖아. 컴퓨터 세계로 들어가서 버그들도 물리치고! 불을 뿜는 악당 용도 혼내주고!"

그 순간 상냥하게 게임을 하나씩 설명해주며 즐겁게 놀아주던 아빠가 떠오른 시경이는 이내 시무룩한 얼굴이 되었습니다.

"아빠가 계셨더라면 금방 찾아주셨을 텐데…"

함께 여행을 떠나요

바로 그때 컴퓨터 모니터에서 하얀 마법사 모자를 쓴 아저씨의 얼굴이 불쑥 나타났어요.

"게임을 못 찾겠어? 그럼 직접 만들어!"

"으악! 깜짝이야! 누, 누구세요?"

"그렇게 놀랄 거 없어. 난 흰 모자 마법사라고 해. 코딩을 배우고 싶어 하는 아이들을 도와주지."

모니터에서 끙끙대며 빠져나온 흰 모자 마법사는 낡은 흰 망토에서 먼지를 털며 유쾌하게 말했어요.

"코딩? 코딩이 뭔데요? 전 그런 거 배우고 싶어한 적 없어요."

"게임을 찾고 싶다며? 찾을 수 없다면 만들면 되잖아! 코딩은 원하는 게임을 만들게 해주는 마법 같은 거지. 게임뿐만이 아냐. 자동차가 달리고, 전투기와 우주선이 하늘을 날게 하기 위해서는 코딩이 필요해. 우리가 듣는 음악도, 보는 영화도 모두 코딩이 꼭 필요해."

"정말요? 정말 그런 것도 하는 거예요? 그치만… 아저씨 패션은 그 멋진 코딩이랑은 좀 안 어울리는 걸요."

시경이의 의심스러운 눈초리에 당황한 흰 모자 마법사가 얼른 말을 돌리려 주머니에서 지팡이를 꺼내 허공에 휘둘렀어요.

아빠표 어린이 게임 코딩

"자, 코딩을 시작하려면 준비물이 있어야 해."

"어떤 게 필요해요? 사실 저 코딩이 어떻게 생겼는지도 몰라요."

"알고 보면 아주 쉬워. 시경이 넌 네가 하고 싶은 걸 다른 사람에게 전달하고 싶을 때 어떻게 하니?"

시경이는 당연한 걸 물어보는 흰 모자 마법사를 향해 고개를 갸우뚱하며 대답했어요.

"말을 하면 되죠."

"바로 그거야! 컴퓨터에게 말을 거는 게 코딩이지. 우리가 한국어, 영어, 일본어를 쓰는 것처럼 컴퓨터에게 말을 걸 때도 여러 언어가 있어."

"그치만 전 한국어밖에 못하는 걸요? 영어 잘 못해요."

"컴퓨터는 한국어도 못하는 걸? 그래서 컴퓨터가 아는 언어를 우리가 배울 수밖에 없어. 그건 바로 파이썬이라는 언어지."

시경이는 책상 위에 펼쳐진 수학 노트를 보며 뚱한 표정을 지었어요. 언어라니. 또 공부를 해야 한다고?

"실은 저 학원 다녀서 많이 바빠요. 시험도 쳐야 하고, 숙제도 많고…"

퉁명스러운 표정으로 할 일을 손가락으로 꼽는 시경이를 보며 흰 모자 마법사는 자상하게 미소지으며 말했어요.

"정말? 후회할 텐데? 파이썬으로 컴퓨터에게 말을 걸면 네가 원하는 게임은 뚝딱 만들어진다고. 예를 들면… 차원의 문 게임 같은 것도 말이지."

"앗! 아저씨, 그 게임 알아요? 정말 제가 만들 수 있는 거예요? 그럼 당장 만들어 봐요!"

그때 방문 밖에서 다시 엄마의 목소리가 들려왔어요.

"시경아~ 숙제 다 해가니? 저녁 준비 다 됐어."

그러자 흰 모자 마법사가 지팡이를 주머니에 넣으며 돌아섰어요.

"자, 이제 갈 시간이 되었군. 게임을 만들고 싶을 땐 언제든지 게임을 떠올려. 그럼 아이들 코딩의 친구! 이 흰 모자 마법사가 나타날거야."

"앗! 잠시만요! 그럼 차원의 문은…"

시경이가 흰 모자 마법사의 낡은 망토를 잡으려는 순간 창문도 열리지 않은 방안에 거센 바람이 한차례 불더니 순식간에 흰 모자 마법사는 사라져버리고 말았습니다. 갑자기 조용해진 방안에는 토리가 힘차게 쳇바퀴 굴리는 소리만 들렸어요. 어리둥절해진 시경이는 조금 전 흰 모자 마법사의 얼굴이 두둥실 떠올랐던 모니터를 돌아보며 혼잣말을 했어요.

"내가 잠이 덜 깼나?"

컴퓨터 게임을 만드는 방법

5교시는 컴퓨터 수업 시간입니다. 몇몇 아이들은 열심히 선생님과 모니터를 번갈아 보며 수업을 듣고 몇몇 아이들은 점심을 먹고 꾸벅꾸벅 조는 오후였습니다. 시경이도 졸린 눈을 껌뻑이며 턱을 괴고 있었습니다. 조용하고 나긋나긋한 목소리의 담임 선생님이 화면에 띄운 우주선을 가리키며 말했습니다.

"자~ 이제 파워포인터에 우주선 그림을 넣어 보자."

우주선을 보자 번뜩 아빠와 하던 게임이 생각난 시경이가 시무룩하게 중얼거렸습니다.

"저 우주선… 아빠랑 했던 게임에서 본 것 같은데."

그때 모니터에서 "띵동!" 소리가 나며 시경이가 앉아 있던 자리 모니터에서 흰 모자 마법사 얼굴이 가득 찼어요.

"우주선이 나온다고? 그런 게임 만드는 건 식은 죽 먹기지!"

화들짝 놀란 시경이가 자리에서 벌떡 일어나며 친구들이 보진 않았을까 주변을 두리번거렸습니다. 하지만, 아무도 흰 모자 마법사 아저씨의 목소리가 들리지도 않고 보이지도 않는 것처럼 여전히 꾸벅꾸벅 졸거나 수업을 듣고 있었어요. 조용히 다시 자리에 앉은 시경이는 모니터에 속삭였습니다.

"아저씨, 대체 누구세요? 내가 또 꿈을 꾸고 있나?"

그러나 흰 모자 마법사가 모니터 밖으로 얼굴을 불쑥 내밀며 말했습니다.

"꿈이라니… 그렇게 말하면 서운하다구."

망토가 낀듯 낑낑대며 모니터 밖으로 나온 흰 모자 마법사가 여전히 어리둥절한 표정을 짓고 있는 시경이의 옆자리에 앉았어요.

"자, 이제 코딩할 마음은 좀 들어?"

"그치만 저 진짜 코딩은 하나도 모르는 걸요. 어디서부터 시작해야 되는지도 몰라요."

"걱정 마. 하나씩 차근차근 따라하면 아주 쉬우니까. 마법을 부리려면 마법의 지팡이가 있어야겠지?"

"마법의 지팡이요?"

코딩을 시작하는 마법 지팡이, 개발 도구

 자, 게임을 시작하려면 뭐가 필요할까?

 당연히 컴퓨터가 있어야죠! 열심히 클릭할 마우스랑 채팅할 키보드도 필요하고요.

 맞았어! 게임하는 <u>환경</u>을 위한 <u>도구</u>가 있어야겠지? 코딩도 마찬가지야. 코딩이 컴퓨터와 대화하는 거라고 했던 거 기억나니? 사람과 사람은 표정과 몸짓, 입이라는 도구로 대화를 하지만, 컴퓨터는 <u>개발 도구</u>로 대화를 해야만 해.

 아~ 그렇구나. 그럼 그건 어디서 구하나요?

 아주 쉬워. 인터넷에서 검색만 하면 돼. 혹시 우리가 컴퓨터에게 말을 걸려면 어떤 언어를 쓰겠다고 했는지 기억나니?

 음~ 뭐였더라… 파…

 <u>파이썬!</u> 우리가 컴퓨터와 대화할 언어의 이름은 바로 파이썬이야. 자, 그럼 파이썬이라고 검색해볼까?

Why 왜 파이썬인가요?

> 파이썬 🔍

우리가 한국어, 영어, 일본어를 쓰는 것처럼 컴퓨터에게 말을 걸 수 있는 언어도 아주 다양합니다. 지금부터 우리가 공부할 파이썬 외에도 기능과 쓰임새에 따라 다양한 언어들이 있어요. 그림을 많이 사용하는 스크래치(Scratch), 매우 빠르게 동작하는 C(씨)와 C++(씨 플러스 플러스), 안드로이드 핸드폰에서 많이 사용하는 자바(Java) 등 여러 언어가 있지만, 그중에서도 우리는 쉽고 강력한 파이썬(Python)을 사용할 거예요. 파이썬은 게임을 만들 수 있을 뿐만 아니라 최근에는 인공지능 연구에서도 많이 사용할 정도로 널리 쓰이는 언어랍니다.

파이썬은 사실 비단뱀을 뜻한답니다. 파이썬을 개발한 제작자가 이름을 지을 때 자신이 좋아하던 음악밴드 몬티 파이썬(Monty Python)에서 이름을 따왔거든요.

코딩을 시작하는 마법 지팡이, 개발도구

 또는 파이썬을 보관하고 있는 곳으로 바로 이동하는 주소를 이용할 수도 있어. 주소는 www.python.org야.

 오! 도착했어요. 앗! 이게 뭐예요? 영어만 가득하잖아요!

 워~워~ 진정해. 영어가 잔뜩 있어도 걱정 마. 차근차근 따라오기만 하면 금방이거든. 자, 먼저 파이썬을 다운로드받아야겠지?

 저 알아요! 다운로드는 영어로 Download잖아요.

 아주 똑똑한데? 맞았어! Downloads라고 적혀 있는 버튼을 찾아서 꾹 누르면 개발 도구를 다운로드할 수 있는 버튼 두 개를 볼 수 있어. 그중에서 첫 번째 버튼을 다시 한번 꾹 눌러볼까?

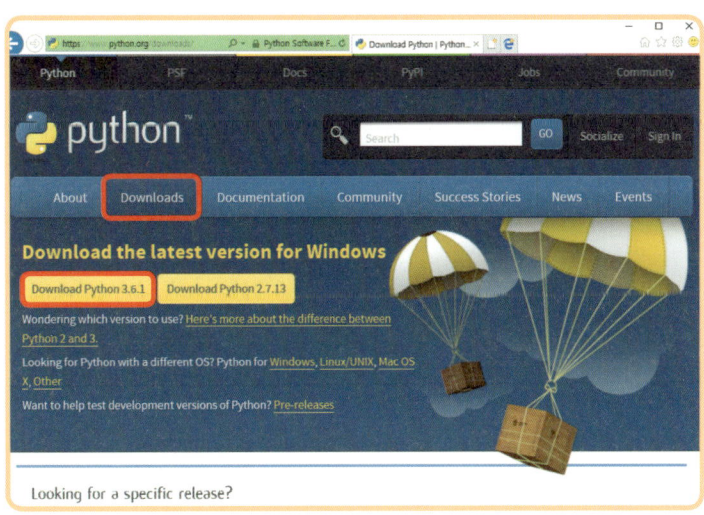

Why 다운로드 버튼 숫자가 달라요!

혹시 Downloads 버튼을 꾹 눌렀을 때 나타나는 두 개의 버튼에 나오는 숫자가 그림과 다르더라도 전혀 걱정할 필요 없어요. 파이썬이라는 언어는 계속해서 새로운 단어가 추가되고 쓰지 않는 단어는 없애면서 무럭무럭 성장하고 있는 중이거든요. 성장했다는 증거가 바로 다운로드 버튼에 있는 숫자랍니다.

숫자가 달라져도 게임을 만들 수 있으니 걱정 말고 첫 번째 버튼을 꾹! 눌러주세요. 우리는 숫자 3으로 시작되는 파이썬을 이용할 거에요. 다운로드 버튼을 보면 제일 끝에 숫자가 적혀 있죠? 이 숫자를 다른 말로 버전(Version)이라고 해요.

첫 번째 버튼을 누르면 화면 맨 아래에 기다란 다운로드 창이 뜨는 걸 볼 수 있어. 실행 버튼을 꾹 눌러봐.

코딩을 시작하는 마법 지팡이, 개발도구

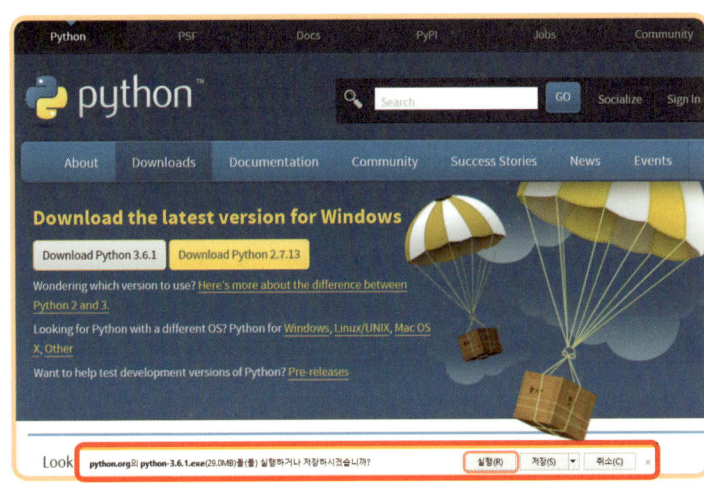

실행 버튼을 누르면 개발 도구 설치창이 뜨는 걸 볼 수 있어. 또 다시 영어로 가득하다고 좌절한 건 아니지? 이제 시작이니까 포기하지 말고 차근차근 해보자. 자, 설치를 하려면 맨 위에 있는 Intall Now 버튼을 눌러줘야 해.

잠깐! 그전에 반드시 주의해야 할 게 한가지 있어.

바로 이 Add Python 3.6 to PATH 버튼을 꼭 눌러줘야 한다는 거지. 나중에 어디서든 편하게 컴퓨터에게 말을 걸려면 이 버튼을 꼭 눌러줘야만 해.

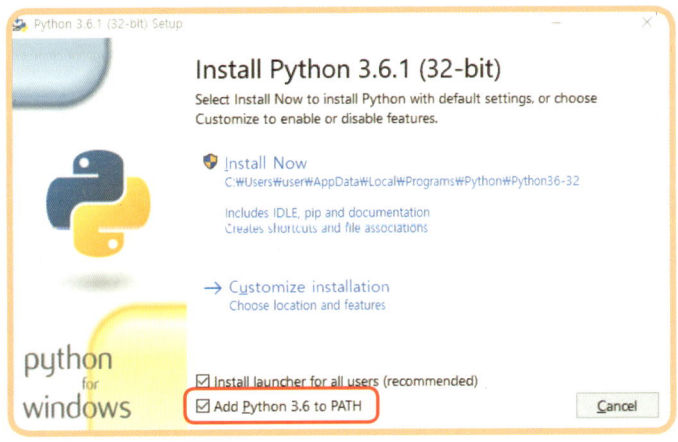

혹시 실수로 클릭하는 걸 까먹으면 어떻게 해요?

 물론 처음부터 다시 설치하면 되지! 자, 이제 본격적으로 개발 도구 설치를 시작해볼까? Install Now 버튼을 누르면 자동으로 개발 도구가 설치된단다. 단, 조금 기다려야 해.

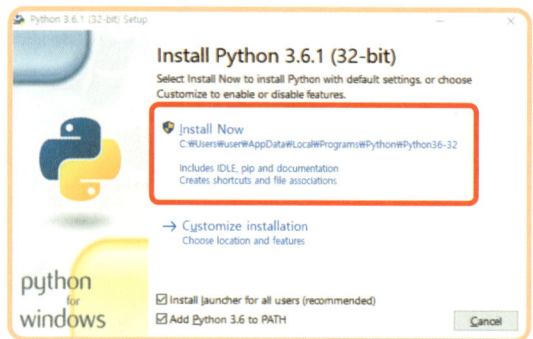 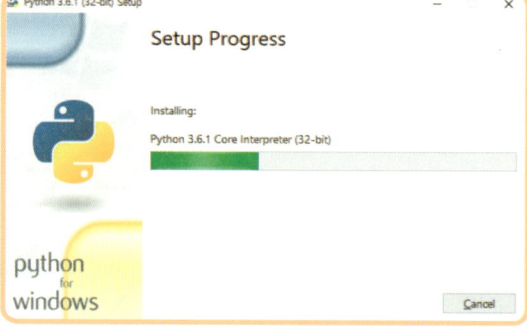

 벌써 지겨워요. 언제 끝나는 거예요?

 조금만 기다리면 이 화면이 뜰 거야. 축하해! 이제 마법을 부릴 지팡이, 개발 도구를 손에 넣었어!

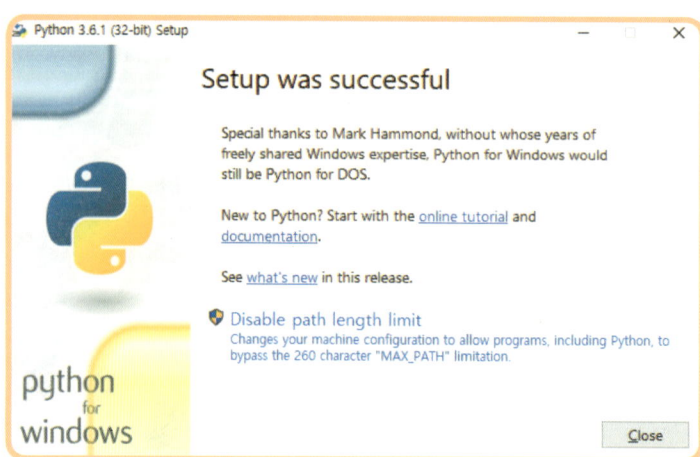

그나저나 개발 도구라는 이름은 너무 딱딱한 것 같아요.

 개발 도구에도 이름이 있어. 파이썬의 개발 도구 이름은 바로 **아이들(IDLE)**이란다.

 아이들(IDLE)! 좋아요. 그럼 이제 아이들(IDLE)에게 게임을 만들라고 시키면 되나요? 주문을 외우면 돼요?

 워워, 진정해. 먼저 아이들(IDLE)을 불러와야지. 화면 맨 아래 왼쪽에 있는 시작 버튼을 눌러보자.

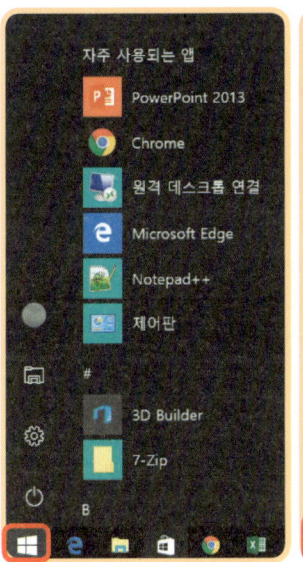
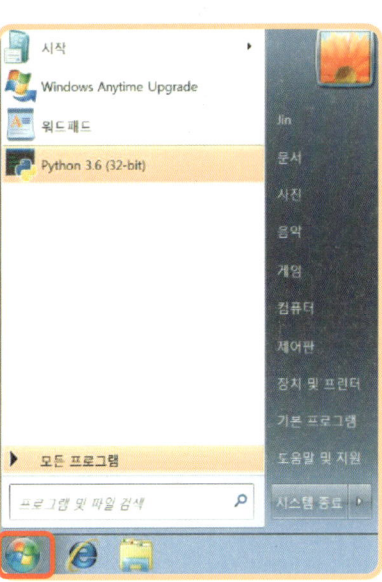

시작■ 버튼을 클릭한 다음, 키보드로 영어 I D L E를 하나씩 누르면 아이들(IDLE) 아이콘을 볼 수 있어.

을 클릭하면 드디어 개발 도구가 실행되는 걸 볼 수 있지! 어때? 간단하지?

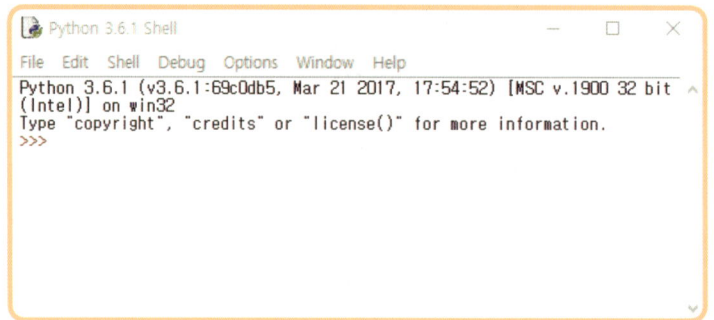

코딩을 시작하는 마법 지팡이, 개발도구

게임을 만드는 주문서, 파이게임

 이제 게임을 만들 수 있나요?

 너무 서두르지 마. 아직 설치해야 할 게 하나 더 남았단다.

 어떤 거예요?

 게임을 만들 주문서, 바로 **파이게임(pygame)**이라는 거야. 파이썬으로 게임 개발을 쉽게 해주는 **모듈**이야.

 모듈…? 그게 뭐예요?

 모듈은 미리 코딩해 둔 파일을 말하는 거란다. 설치는 그렇게 어렵지 않아. 시작 버튼을 클릭한 다음, 키보드로 영어 C M D를 하나씩 누르면 명령 프롬프트 아이들(IDLE) 아이콘⏎을 볼 수 있어.

 씨(C), 엠(M), 디(D)요?

 맞았어. 대문자든 혹은 소문자든 상관없어.

명령 프롬프트 아이콘을 클릭하면, 명령 프롬프트가 실행되지. 말 그대로 명령을 입력하는 곳이야. 자, 그럼 입력창에 pygame을 설치하라는 명령을 내려볼까?

```
pip install pygame ↵
```

윽, 영어가 잔뜩…

복잡해보이지만, 해석하자면 간단해. 이제 정말로 게임 코딩을 시작할 준비가 다 됐다는 뜻이지!

Why 오류 메시지가 떠요!

혹시 아래 화면에서처럼 오류 메시지가 나오는 친구들은 앞의 파이썬 설치 프로그램을 실행시켜서 다시 설치해보세요. 그리고 Add Python 3.6 to PATH 버튼을 꼭 눌러줘야 한다는 거 잊지 마세요.

코딩을 시작하는 마법 지팡이, 개발도구

 **마법사 아저씨와 함께 해봐요!**

오른쪽에 있는 QR 코드를 찍거나 주소를 입력하면 흰 모자 마법사 아저씨와 함께 '파이썬&파이게임 설치'를 할 수 있어요.

https://youtu.be/mdz83XAMocg?t=84

> **아빠표 어린이 게임 코딩**

"자, 그럼 오늘은 여기까지 할게요."

수업 종이 울리자 선생님이 책을 탁 덮으며 말했습니다. 그러자 흰 모자 마법사도 모니터를 두 번 탁탁 두드리며 화면을 껐어요.

"아쉽지만, 우리도 여기까지 할까?"

"수업 시간이 이렇게 짧았다니… 그럼 우주선은 다음에 마저 하는 거죠?"

시경이가 실망스러운 투로 말하자 흰 모자 마법사가 유쾌하게 대답했습니다.

"그럼~ 물론이지!"

"다음은 언제예요? 어떻게 또 만날 수 있어요?"

흰 모자 마법사가 미소 지으며 시경이의 주머니 속에 있는 휴대폰을 두번 탁탁 두드렸어요. 그러자 주머니에서 반짝 빛이 났다가 사그라들었습니다. 시경이가 서둘러 휴대폰을 꺼내 화면을 보자 **마법 톡**이라는 어플이 깔려 있었어요.

"언제든지 마법 톡을 보내렴."

"우와~ 아저씨 진짜 마법사구나!"

그때 종소리에 맞춰 교실을 나가려 문을 열던 선생님이 무언가 생각난듯 다시 아이들에게 큰소리로 말했어요.

"참! 내일까지 내야 할 수학 숙제 다들 기억하지? 계산이 어렵더라도 꼭 스스로 해봐야 한다."

그 말에 뜨끔한 표정을 지은 시경이 잠시 고민하다 흰 모자 마법사를 보며 무슨 속셈인지 씩 웃었어요.

컴퓨터 게임을 만드는 방법

"아저씨. 파이썬으로 말을 걸면 컴퓨터가 뭐든 해주는 거죠?"

그러자 흰 모자 마법사는 팔짱을 끼고 거만한 표정으로 고개를 끄덕였어요.

"물론이지. 컴퓨터는 제대로 질문만 하면 아주 똑똑한 답을 주는 친구거든."

"그럼 수학 숙제도 뚝딱 하겠네요?"

그제야 시경이의 속셈을 알아차린 흰 모자 마법사가 시경이의 머리에 꿀밤을 놓는 시늉을 하며 말했습니다.

"때로는 스스로 문제를 풀어야 할 때도 있는 법이야. 자, 그럼 오늘은 이만~ 다음에 또 보자."

"그치만 수학 숙제 양이 너무 많단 말이에요… 복잡하고 어렵고 또…"

발을 꼼지락거리며 볼멘소리로 중얼거리던 시경이가 고개를 들었을 땐 이미 흰 모자 마법사는 눈깜짝할 사이 사라져버린 뒤였습니다.

어려운 계산도 척척

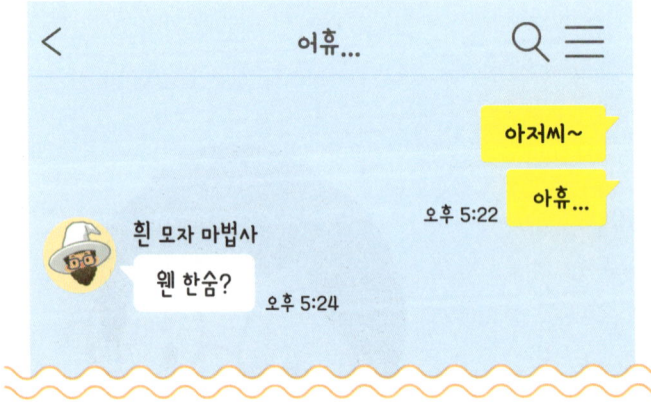

어려운 계산도 척척

너무 어려워요... 도와주세요~

오후 5:24

흰 모자 마법사
스스로 풀어야 하는데...

어쩔 수 없지. 이번만 도와줄게.
사실 파이썬으로 수학 문제 푸는 건
식은 죽 먹기거든!

오후 5:26

정말요?! 어떻게요??
오후 5:30

흰 모자 마법사
먼저 아이들(IDLE)을 실행시켜봐.
어떻게 실행하는지 기억나지?
오후 5:31

식은 죽 먹기죠!!

오후 5:40

37

파이썬 계산기

 자, 아이들(IDLE)을 실행하면 이런 화면이 나올 거야. 지난 번에 봤었지? 아이들(IDLE)에게 말을 걸려면 바로 여기에다가 입력을 하면 돼.

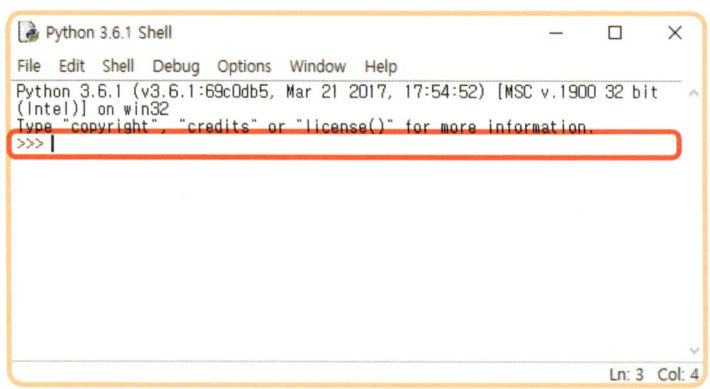

자, 아이들(IDLE)이 얼마나 똑똑한지 시험해볼까? 여기에 계산식을 입력해 봐. ↵는 엔터(Enter) 키라는 거 알지?

```
1234 + 5678 ↵
```

```
6912
```

 우와! 순식간에 계산해버리네요. 신기하다~

 이 정도는 아무것도 아니지! 훨씬 더 복잡하고 어려운 계산도 척척 할 수 있어.

 설마 곱하기까지...?

어려운 계산도 척척

 곱하기에 나누기까지 할 수 있어. 먼저 곱하기부터 해볼까?

계산을 시작하기 전에 한가지 주의해야 할 게 있어. 보통 수학에서 곱하기 식을 쓸 때는 9x2라고 쓰지만, 아이들(IDLE)은 곱하기 기호로 x 대신 *를 사용해.

나누기도 수학에서 사용하는 ÷ 기호가 아니라 / 기호를 사용해야 해.

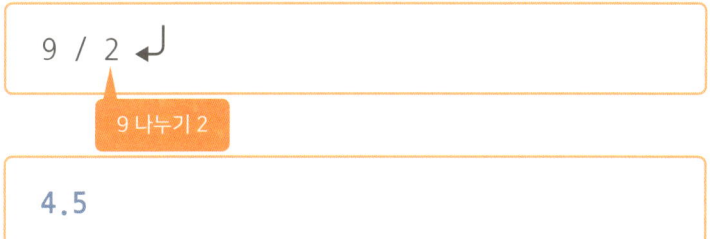

 어때? 어렵지 않지?

 기호가 좀 헷갈리긴 하지만, 그렇게 복잡하진 않았어요. 그럼 이것보다 복잡한 계산은 어떻게 해요?

 괄호를 사용하면 무척 복잡한 식도 순식간에 계산할 수 있어.

9 * ((2 + 3) / (6 -4)) ↵

다른 연산보다 괄호 안을 먼저 계산

22.5

 그럼 나머지 연산들도 어떻게 사용하는지 한번 볼까?

9 // 2 ↵   9 % 2 ↵

9를 2로 나누었을 때 몫   9를 2로 나누었을 때 나머지

4   1

 **마법사 아저씨와 함께 해봐요!**

오른쪽에 있는 QR 코드를 찍거나 주소를 입력하면 흰 모자 마법사 아저씨와 함께 '파이썬 계산기 실행'을 할 수 있어요.

https://youtu.be/UfWHQFjEmcs

어려운 계산도 척척

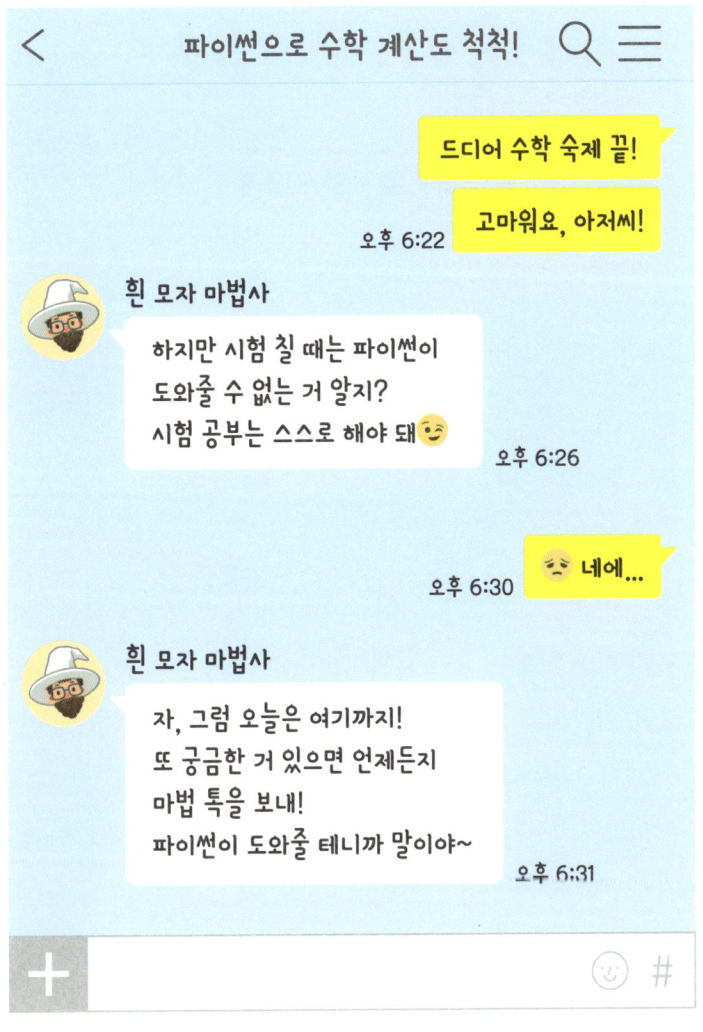

변수가 뭐예요?

쿠르릉… 하늘이 으르렁 소리를 내더니 이내 번쩍 하고 온 세상이 밝아지도록 번개가 내리칩니다. 화들짝 놀란 시경이는 조그마한 토리를 두 손으로 꼭 감싸고 창문으로 달려갔어요. 다시 한번 하늘이 크르릉 소리를 내더니 번개가 번쩍 내리쳤어요. 그때 집 앞 공원에 번개가 내리 꽂히자 공원 한가운데 높이 솟은 탑에서 환한 빛이 나기 시작했습니다. 눈이 휘둥그레진 시경이 탑을 손가락으로 가리키며 방안에 있는 엄마를 향해 소리쳤어요.

"엄마! 저거 봐요! 탑이 빛나요! 엄마!"

"시경아~ 엄마 일 때문에 전화해야 하니까 조금 있다가 얘기해요."

탑에서 나오던 빛은 금세 사라져버렸어요. 시경이 시무룩한 표정으로 소파에 털썩 앉아 TV를 켰어요. 시경이 손에서 벗어난 토리는 TV를 볼 때면 늘 그랬듯이 시경이의 통통한 배 위에 쪼르르 올라가 앉았어요.

변수가 뭐예요?

리모컨의 채널 버튼을 계속해서 눌러 뉴스, 낚시, 홈쇼핑, 바둑 재미없는 채널을 한참 지나다가 우주선이 스쳐지나가고 뉴스 화면이 나오자 시경이는 재빨리 채널을 우주 영화로 돌렸어요. 그러나 금세 우주선은 사라지고 검은 썬글라스에 검은 모자를 쓴 악당의 얼굴이 화면 크게 잡혔습니다. 그때 화면이 지직거리며 악당 얼굴이 일그러지더니 화면을 향해 손가락질을 했습니다.

"이봐, 거기 너."

그때 갑자기 토리가 찍찍 울어대며 시경이 배 위에서 발버둥치기 시작했어요. 당황한 시경이 토리를 두 손으로 꽉 감싸 안으며 물었어요.

"토리야, 왜 그래?"

TV 속 악당이 화면에 좀 더 얼굴을 바짝 들이대며 무시무시한 표정으로 소리쳤어요.

"이봐, 내가 지금 부르잖아! 거기 너! 햄스터 꽉 잡고 있는 너!"

"엥? 영화 내용이 좀 이상한데?"

그러자 TV 속 악당이 답답한 듯 주먹으로 가슴을 치더니 TV 밖으로 불쑥 얼굴을 내밀며 위협적으로 말했어요.

"너 말이야, 너!"

화들짝 놀란 시경이가 소리를 지르며 토리를 놓자 토리는 얼른 시경이 등 뒤에 얼굴을 숨기고 바들바들 떨었어요. TV 밖으로 상체만 나온 악당은 놀란 시경이의 표정에 그제야 만족한 듯 팔짱을 끼고는 고개를 끄덕였습니다. 그 모습이 흰 모자 마법사와 닮았다는 걸 깨달은 시경이는 무서운 것도 잊고 말을 걸었어요.

"흰 모자 마법사 아저씨…?"

그러자 악당이 얼굴을 찌푸리며 잔뜩 성을 냈어요.

"감히 날 누구랑 헷갈리고 있는 거야?! 난 훨씬 강한 검은 모자 마법사라고!"

"풉! 검은 모자 마법사요? 아저씨도 코딩하세요?"

자존심이 상한 듯 얼굴이 붉어진 검은 모자 마법사는 씩씩 대더니 이내 좋은 생각이 떠올랐는지 음흉한 미소를 지으며 말했습니다.

"너 코딩을 할 줄 아나 보지?"

"좀 할 줄 알죠. 저도 배웠다고요. 곧 있으면 게임도 만들 거예요."

"그럼 변수가 뭔지 정도는 알겠네?"

"벼, 변수요?"

그때 어느새 시경이의 등 뒤에서 나온 토리가 이번에는 잔뜩 화난 표정으로 찍찍거리며 소파 위를 방방 뛰었습니다. 그러자 검은 모자 마법사가 토리를 향해 위협적인 목소리로 말했어요.

"넌 조용히 입 다물고 있어. 이봐, 꼬맹이. 변수도 모르면서 니가 게임을 만들겠다고? 하하! 어디 쓸모라도 있을까 했더니… 흰 모자 마법사 녀석이 그러면 그렇지. 흥! 괜히 헛걸음을 했군! 그럼 잘 있어라, 멍청한 햄스터 그리고 꼬맹아."

검은 모자 마법사는 씩 웃으며 검은 양복 주머니에 두 손을 찔러 넣고 TV 속으로 사라져버렸습니다. 분해진 시경이는 땅에 발을 구르며 소리쳤어요.

"뭐야! 왜 자기 할 말만 하고 가는 거야? 변수가 대체 뭔데?!"

변수가 뭐예요?

우주선을 움직이려면 변수가 필요해!

 변수는 게임을 만들려면 꼭~ 필요해. 만약 네가 우주선 게임을 한다고 생각해봐. 우주선이 움직이지 않으면 어떻게 될까?

 네에~? 우주선 게임인데 우주선이 안 움직인다뇨? 말도 안 돼요!

 그렇지? 게임에서 우주선이 움직이는 건 우주선의 위치가 바뀌는 거야. 우주선이 그래프 위에 놓여있다고 생각해보자. 2차원에서 위치는 가로 축과 세로 축으로 이루어진다는 거는 알지?

 당연하죠~ 어제도 수학 숙제 잔뜩 했는 걸요.

 좋아. 지금 그림에서 우주선은 위치 (10, 15)에 있어. 가로 축 위치는 10이고, 세로 축 위치는 15야. 만약, 우주선이 오른쪽으로 이동하면, 우주선의 위치는 어떻게 될까?

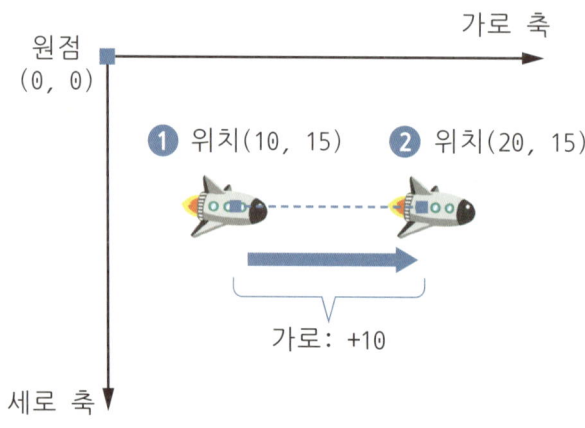

 음~ 가로 위치가 더 커졌네요. 처음에 10이었다가 20이 되었어요.

변수가 뭐예요?

 맞았어. 이처럼 변하는 값을 담아두는 상자를 변수라고 하지. 즉, 변하는 숫자라는 뜻이야. 영어로는 Variable이라고 해.

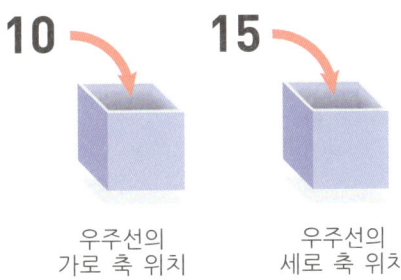

 그럼 게임에서 변수로 우주선을 움직이는 건 어떻게 해요?

 우주선의 위치를 변수에다가 저장해 두는 거야. 그리고 변수에 저장된 값을 바꾸면, 우주선이 움직이는 거지. 자, 처음에는 위치 (10, 15)에 있었던 우주선이 위치 (20, 35)로 이동하게 되었어. 제일 먼저 뭘 해야 할까?

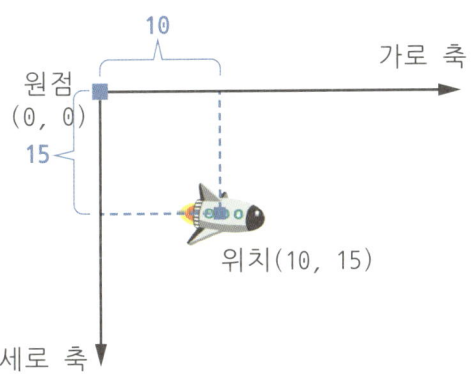

 음… 우주선의 처음 위치 (10, 15)를 변수에 저장해요.

47

맞았어! 그리고 변수에 저장된 우주선의 위치를 (20, 35)로 바꾸면 우주선이 움직이는 것처럼 보이는 거야. 그럼 아이들(IDLE)을 실행해서 직접 우주선을 이동시켜 볼까?

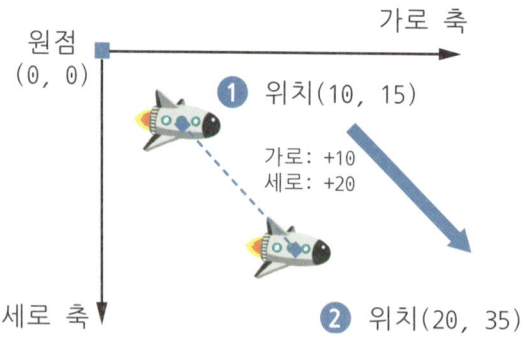

 우와! 우주선이 움직였어요! 변수가 우주선을 움직이게 하는 거군요. 엇, 그런데 변수는 어떻게 만들어요?

 아주 간단해! 변수에 이름을 지어주고 값을 넣어주면 돼. 마치 책을 담는 상자를 책꽂이, 물건을 넣는 상자를 서랍이라고 부르듯이 말이야. 우주선의 가로 위치인 10을 담는 변수 이름을 x라고 부를게. 그러면 아이들(IDLE)에게 변수의 이름을 뭘로 지었는지, 어떤 값을 저장했는지 알려줘야겠지? 아이들(IDLE)에서 아래 코드를 입력해 봐. ⏎는 엔터키(Enter)라는 거 알지?

```
x = 10 ⏎
```

 어라, 아무것도 안 나와요. 고장났나?

 하하! 지금 우리가 한 건 아이들(IDLE)에게 "이런 변수가 있어요~"하고 알려준 거야. 아이들(IDLE)이 제대로 알아들었는지 시험해볼까? 아이들(IDLE)에서 변수 x만 입력하고 엔터키를 눌러 봐.

변수가 뭐예요?

```
x ↵
```

```
10
```

어때? 좀 전에 아이들(IDLE)에게 x라는 변수에는 10이라는 값이 저장되어 있다고 알려준 대로 10이 나왔지? 10은 우주선의 첫 번째 위치에서 가로를 나타냈던 거 기억하지? 자, 그럼 우주선이 이동한 두 번째 위치인 20으로 변수를 다시 저장해볼까?

아, 저 알아요! 아이들(IDLE)에게 x=20이라고 알려주면 돼요. 어디 보자. 이렇게…

```
x = 20 ↵
```

잘했어! 자, 그럼 정말 변수 x의 값이 바뀌었는지 다시 변수 x만 입력해서 확인해볼까?

```
x ↵
```

```
20
```

흠~ 이제 20으로 나오네요. 그럼 우주선이 10에서 20으로 움직인 거죠?

그렇지! 하지만 가로 위치만 옮긴 거니까 이제 세로 위치도 옮겨야겠지? 첫 번째 위치였던 15에서 35로 옮겨야 해. 가로 위치를 옮겼던 것과 똑같이 하면 돼. 그럼 제일 먼저 뭘 해야 할까?

음… 변수 이름 짓기!

> y = 15 ↵

 좋았어. 세로 변수 이름은 y라고 하자. 그 다음엔 뭘 해야 할까?

 우주선의 첫 번째 세로 위치를 변수 y에 넣어요. 그리고 음… 변수 y에 바뀐 세로 위치 값인 35를 넣어요. 맞죠?

 잠깐, 잠깐! 우리 어제 배웠던 계산식을 이용해보자. 보통 게임에서 우주선을 아래쪽으로 이동하려면 어떻게 하지?

 키보드에서 아래쪽 화살표 키[↓]를 누르죠.

 그러면 우주선이 아래쪽으로 조금 움직이지? 이처럼 아래쪽 화살표 키를 누르면 20만큼 위치가 더 커지게 해보자.

 아하! 그러면 변수 y에 20을 더하면 되겠네요.

> y + 20 ↵

변수 y에다가 20을 더하기

> 35

 아주 잘했어! 똑똑한데? 하지만, 아쉽게 변수 y에 저장된 값은 바뀌지 않았어. 단순히 변수 y에 있는 값인 15에 20을 더한 결과가 나왔을 뿐이지. 변수에 저장된 값을 바꾸려면 이렇게 하면 된단다.

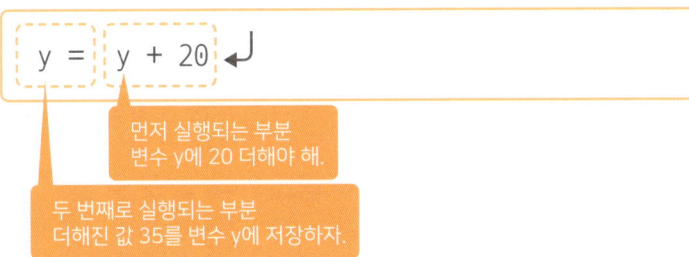

 정말 변수 y의 값이 바뀌었는지 확인해볼까? 아, 잠깐! 이번에는 print라는 함수를 이용해서 변수 x와 변수 y의 값을 한번에 확인하는 방법을 알려줄게.

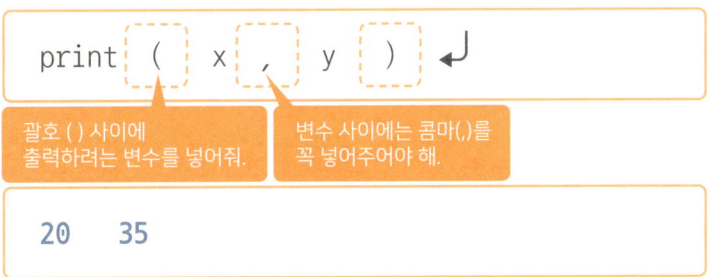

 두 번째 우주선의 위치인 (20, 35)가 나오지? 드디어 우주선이 움직인 거야!

Why print 함수가 뭐예요?

좀 전에 x와 y 변수의 값을 출력할 때 "print"라는 글자를 입력했던 거 기억나죠?

```
print (x, y) ↵
```

print는 화면에 값 또는 글자를 출력하는 명령이에요. 숫자인 값은 간단하게 print (1)이라고 입력하면 1이라고 출력되지만, 한글은 print (하나)라고 입력하면 이런 오류가 발생하고 말아요.

```
print ( 하나 ) ↵
```

```
Traceback (most recent call last):
  File "<pyshell#16>", line 1, in <module>
    print(하나)
NameError: name '하나' is not defined
```

왜냐하면, print에서 문자를 출력하려면 반드시 큰따옴표("")를 사용해야 하거든요. 한글뿐만 아니라 abc 같은 영어도 마찬가지예요.

```
print ( " 하나 ") ↵
```

```
하나
```

그러면 문자와 변수를 동시에 출력하려면 어떻게 하냐고요? 문자와 변수 사이에 콤마(,)를 사용하면 돼요. 간단하죠?

```
print("x의 값 -", x, " & y의 값 -" , y)
x의 값 - 20 & y의 값 - 35
```

Why 저장할 숫자 없이 변수만 만들 수는 없나요?

만약 변수를 만들고 처음에 어떤 값을 넣어야 할지 모를 때에는 None을 사용하면 돼요. None은 '아무것도 정의되지 않았다.'라는 뜻으로, 쉽게 말하면 아무 값이 저장되어 있지 않다는 뜻이죠. 사용하는 방법은 아주 간단해요. 그럼 한번 image라는 변수에 None을 저장해볼까요?

```
image = None ↵
```

그렇다면 None을 사용하는 이유는 뭘까요? 변수에는 숫자도 들어가지만 사실 그림이나 음악도 들어갈 수 있습니다. 이때는 우선 변수만 만들어 두고 나중에 내용을 읽어오는 경우가 많아 우선 만들어 둔 변수에 None을 넣어 두는 거죠. 어렵다고요? 걱정 마세요. 나중에 게임 코딩을 하면 자주 보게 될 테니까요.

 **마법사 아저씨와 함께 해봐요!**

오른쪽에 있는 QR 코드를 찍거나 주소를 입력하면 흰 모자 마법사 아저씨와 함께 '변수 사용'을 할 수 있어요.

https://youtu.be/7VH_4vuWPNc

변수가 뭐예요?

변수따위!

뭐야~? 변수라는 거 생각보다 별 것 아니잖아?

오후 7:22 다음에 만나면 아주 혼쭐을 내줘야지.

흰 모자 마법사
누굴 혼쭐을 내준다는 거야?   오후 7:26

악당이요! 감히 날 무시했겠다...😡

오후 7:22 아무튼 이제 진짜 게임 만들 수 있는 거죠?

흰 모자 마법사
변수를 배웠으니 이제 게임을
만들기 위한 준비는 거의 끝난 셈이지!   오후 7:26

오후 7:26   완전 기대돼요!

흰 모자 마법사
좋아! 그럼 오늘은 여기까지~   오후 7:33

똑같은 걸 반복하는 건 귀찮아!

"학교 다녀왔습니다!"

시경이는 엄마의 대답을 듣기도 전에 후다닥 방으로 들어가 가방을 집어 던지고는 컴퓨터 앞에 앉았어요. 책상 한켠에는 토리가 잔뜩 쌓인 톱밥 위에 벌렁 누워 있었어요.

"좋아, 오늘이야말로 게임을 만들어 봐야지."

그때 엄마가 방문 밖에서 말했어요.

"시경아~ 오늘 토리 집 청소하는 날인 거 알지?"

"또요? 일주일 전에 했는데…"

"매주 수요일은 토리집 청소해주기로 약속했지?"

> 똑같은 걸 반복하는 건 귀찮아!

시경이가 불만 가득한 얼굴로 햄스터 우리 뚜껑을 열자 토리가 벌떡 일어나 앉았어요.

"일주일에 한 번씩 청소라니~ 너무 귀찮아! 아~ 누가 나대신 청소해주면 좋겠다!"

그때 시경이가 켜다 만 모니터에서 흰 모자 마법사의 얼굴이 두둥실 떠오르더니 유쾌한 목소리로 인사를 건넸어요.

"시경아, 안녕! 왜 그렇게 얼굴을 잔뜩 찌푸리고 있는 거야?"

시경이가 퉁명스러운 목소리로 답했어요.

"안녕하세요, 아저씨. 오늘은 코딩 못해요. 토리 집 청소하기로 약속한 날이거든요. 어휴, 귀찮아."

흰 모자 마법사는 시경이 어깨 너머로 얼굴을 빼꼼히 내밀고는 말했어요.

"귀여운 햄스터구나."

"아빠한테 사달라고 졸랐던 거긴 하지만, 이렇게 챙겨줘야 할 게 많은지 미처 몰랐어요."

"흠… 반복하는 게 귀찮다는 거지? 그거야 아주 간단하지! 코딩을 하면 되잖아!"

그러자 시무룩하던 시경이의 표정이 순식간에 밝아졌어요.

"정말요? 코딩으로 그런 것도 돼요?"

코딩으로 반복하면 되지!

게임에 꼭 필요한 반복문 while

 자, 만약 3대의 우주선으로 게임을 시작한다고 생각해보자. 그런데 우주선 1대로 게임이 끝나버리면 어떨까?

 엥? 말도 안 돼요! 그럼 남은 2대는 어떡해요!

 그렇지? 그럼 우주선 3대가 움직이려면 어떻게 해야 될까?

 음~ 우주선이 3대니까 우주선이 움직이는 코딩을 3번을 하면 되죠!

 그럼 우주선이 100대라면?

 그럼 우주선이 움직이는 코딩을 100번이나… 뭐예요~ 그걸 언제 다 해요.

 바로 그래서 자동으로 반복하게 해주는 while 반복문이 필요한 거야.

반복문이란 조건을 걸어서 조건이 참(True)이 되면 몇 번이나 반복해야 하는 일을 저절로 하게 해주는 거야. 물론 조건을 만족하지 않는 거짓(False)이 되면 반복을 멈추지. 반복될 때마다 반복문 안에 있는 [실행 명령]이 실행된단다. 자, 그럼 시경이 네가 토리 집 청소를 언제까지 해야 할까?

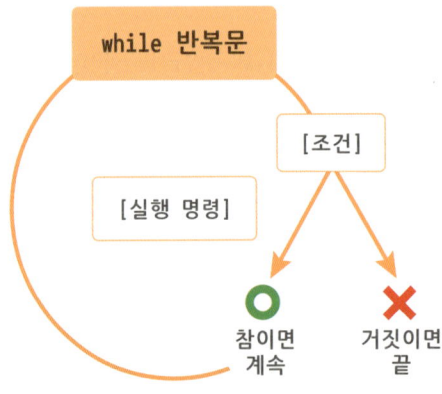

토리가 우리 집에 있는 한 계속해야겠죠?

 그럼 조건은 항상 참(True)이 되겠네. 그러면 반복문으로 코딩을 해보면… 요렇게 되겠네.

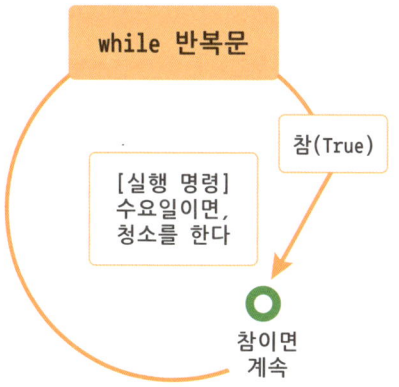

 우와~ 그럼 매주 수요일마다 저절로 청소를 하는 거예요? 음… 그럼 중간에 반복을 멈추려면 어떻게 해요?

 중간에 조건을 거짓으로 만들면 되지. 그럼 반복이 멈추는 방법을 살펴볼까? 3대의 우주선이 움직이는 조건문을 만들어 볼게. 조금 복잡할 테니 천천히 따라오렴.

먼저 우주선의 개수를 변수에 담아야겠지? 변수 이름은 count라고 하자. '우주선이 1대라도 있으면 우주선이 움직일 수 있다'는게 조건이야. 그러니까 <u>우주선 개수가 0보다 크면 무조건 반복문이 실행되기</u>여야 해.

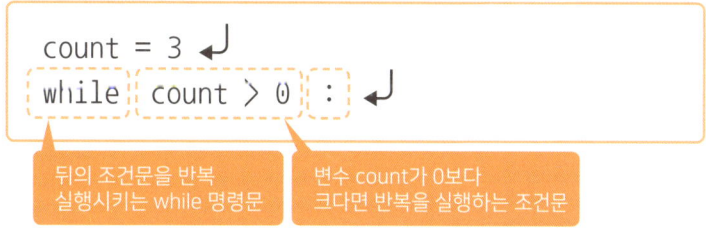

while 명령문에서 콜론(:)은 무척 중요해요. 콜론이 있어야 반복문의 [실행 명령]이 시작된다는 것을 알 수 있거든. 빼먹지 말고 꼭 넣어줘.

이제 반복할 변수와 반복할 조건을 정했으니 뭘 반복할지 [실행 명령]도 정해야겠지? 반복문이 실행되면 우주선이 하나씩 줄어들도록 해 보자. 반복문 안에서 실행할 명령어는 앞에 4칸을 띄우고 입력하면 돼. 하지만 똑똑한 아이들(IDLE)이 저절로 4칸을 띄어주지.

```
print("우주선:", count) ↵
count = count - 1 ↵
backspace  ↵
```

백스페이스 키를 누르고 엔터를 치면 반복문의 내용이 끝났으니 반복을 시작하라는 뜻이야. 어때? 제대로 실행되고 있니?

```
우주선: 3
우주선: 2
우주선: 1
```

우와! 우주선 3개가 저절로 하나씩 줄어들었어요! 이제 게임 시작하자마자 끝나진 않겠네요.

똑같은 걸 반복하는 건 귀찮아!

범위를 이용한 반복문 for

 아, 참! 게임을 만들 때 while 반복문 말고 for 반복문도 쓰인단다.

 for 반복문이요? 그건 뭐예요?

 조건을 이용해서 반복하는 while과는 달리, for 명령은 범위를 이용해서 반복해.

 범위라구요?

 예를 들어, 1부터 9까지 차례대로 하나씩 더한 값을 구한다고 해보자. 그럼 1부터 9까지가 범위가 되겠지? 이걸 하나씩 하나씩 더하는 건 귀찮으니까 이때 for 반복문을 사용하는 거야. 이번에도 마찬가지로 변수 이름을 지어줘야겠지? 합계를 나타내는 변수 이름은 sum, 범위를 나타내는 변수 이름을 i로 짓고 시작해보자.

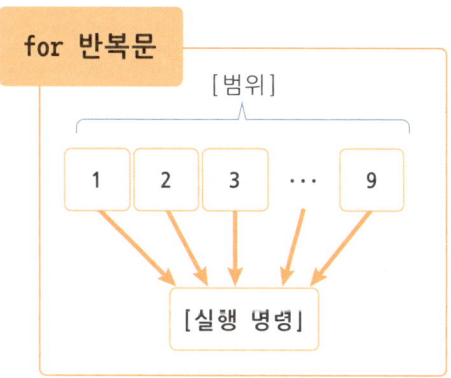

복잡해 보이지만, 차근차근 살펴보면 어렵지 않아. 먼저 합계를 나타내는 변수 sum은 0이라는 걸 알려주고 for 명령어를 입력하자. 그럼 무엇을 반복할지 범위를 정해줘야겠지? 그 뒤에 변수 i와 범위를 뜻하는 range와 콜론(:)을 입력하고 그 사이에 in을 넣으면 반복문 입력 끝!

```
sum = 0 ↵
for   i in range(1, 10)  : ↵
```

- for: 범위 안에서 반복하는 for 명령어
- i in range(1, 10): 숫자 1부터 9까지를 범위로 지정. 단, 현재 값은 변수 i에 저장해주어요.

콜론이 있으니까 이제 뭘 반복해야 하는지 입력해줘야죠!

오~ 벌써 많이 늘었는걸?

```
sum = sum + i ↵
print(i, sum) ↵
Backspace ↵
```

```
1 1
2 3
3 6
4 10
5 15
6 21
7 28
8 36
9 45
```

```
Python 3.6.1 Shell
File Edit Shell Debug Options Window Help
Python 3.6.1 (v3.6.1:69c0db5, Mar 21 2017, 17:54:52) [MSC v.1900 32 bit (Intel)]
on win32
Type "copyright", "credits" or "license()" for more information.
>>> sum=0
>>> for i in range(1,10):
        sum=sum + i
        print(i, sum)

1 1
2 3
3 6
4 10
5 15
6 21
7 28
8 36
9 45
>>> sum
45
>>>
```

마지막에 다시 sum 변수를 입력하면 1부터 9까지 더해진 45라는 결과가 출력되는 걸 확인할 수 있어.

 그럼 1부터 10까지 더하려면 범위를 이라고 하면 되는 거죠?

맞았어! 대단한데~

 **마법사 아저씨와 함께 해봐요!**

오른쪽에 있는 QR 코드를 찍거나 주소를 입력하면 흰 모자 마법사 아저씨와 함께 'While 반복문 & for 반복문'을 학습할 수 있어요.

https://youtu.be/Cj0Yq4Jacmo?t=70

"좋아! 오늘은 여기까지! 그럼 이만…"

막 뒤돌아서려는 흰 모자 마법사의 옷자락을 재빠르게 낚아 챈 시경이가 말했어요.

"잠깐만요. 아직 토리 집 청소는 해결이 안 됐잖아요."

"어, 그건… 시경아. 때로는 귀찮아도 스스로 반복해야 될 일도…"

"해결해준다고 약속하셨으니 지키셔야죠. 자, 여기요. 제가 톱밥을 버릴 테니 아저씨가 토리 장난감들을 씻어주세요."

시경이는 어물쩍 넘어가려는 흰 모자 마법사에게 단호하게 말하며 청소 도구를 내밀었어요. 흰 모자 마법사는 어쩔 수 없다는 표정으로 한숨을 쉬며 쳇바퀴로 손을 뻗었어요.

"이 쳇바퀴 말이지?"

흰 모자 마법사의 손이 쳇바퀴에 닿자 그때 갑자기 토리가 큰 소리로 찍찍 소리를 내기 시작했어요.

"어라, 얘가 왜 이러지? 토리야, 왜 그래?"

"시경아, 토리가 할 말이 있는 것 같은데… 무슨 이야기하는지 궁금하지 않니?"

그때 토리가 다시 조용히 해바라기 씨를 오물거리자 시경이가 별일 아니라는 듯 톱밥을 마저 치우기 시작했어요.

"네에~ 뭐 별 거 아닌 것 같지만요."

흰 모자 마법사가 토리를 물끄러미 바라보다가 흥미로운 표정으로 물었어요.

"혹시 토리는 누가 선물해준 거니?"

"아빠가 작년에 제 생일 선물로 사주셨어요. 왜요?"

"그래? 흠~ 조금 더 준비해야 할 것이 생겼구나. 좋아! 가능한 한 빨리 돌아올게!"

"엥? 아저씨 지금 청소하기 싫어서 도망가시는 거죠?"

시경이가 홱 돌아보자 이미 흰 모자 마법사는 사라지고 난 뒤였어요. 두 손 가득 톱밥을 든 채로 덩그러니 서 있던 시경이 발을 쿵 구르며 분한 듯 소리쳤어요.

"또 당했어!"

만약에 ~ 라면, 아니라면?

열린 창문으로 시원한 바람이 솔솔 부는 주말 오후. 시경이는 모처럼 숙제도 없는 평화로운 주말을 스마트폰 게임을 하면서 보내고 있었어요. 그때 토리가 찍찍 소리를 내며 우리를 박박 긁어대자 시경이가 스마트폰 너머 토리를 보며 화난 표정으로 말했어요.

"토리야~ 쉿! 조용히 해. 형 오랜만에 게임하는 중이라고."

그러나 시경이의 말은 아랑곳 않고 토리는 계속해서 우리를 긁으며 더 큰 찍찍 소리를 냈어요.

"대체 무슨 말을 하는 거지? 배가 고픈가? 청소는 얼마 전에 했는데… 에잇, 코딩으로 햄스터 번역기 앱 같은 건 못 만드나~"

그때 시경이의 스마트폰에서 띵동! 소리가 나더니 흰 모자 마법사가 액정 너머 얼굴을 쑥 내밀었어요.

"당연히 만들 수 있지!"

깜짝 놀란 시경이가 스마트폰을 떨어뜨리는 바람에 흰 모자 마법사가 화면 안에서 휘청거렸어요.

"이런, 하마터면 고장날 뻔했잖아. 조심해야지."

흰 모자 마법사가 낑낑대며 액정 너머로 나오면서 말했어요. 그리고는 아이처럼 잔뜩 신난 표정으로 시경이의 눈 앞에 스마트폰에 깔린 "동물 말 번역기" 앱을 내밀었어요.

"우와! 제 말을 들으신 거예요? 어떻게 하는 거예요? 어서 토리한테 써봐요!"

"무려 인공지능을 이용해 만든 프로그램이란다. 자, 그럼 토리의 이야기를 들어볼까?"

흰 모자 마법사가 앱을 터치해서 실행시키자 앱 화면이 뜨면서 "인공지능 번역기 30초 남았습니다."라는 문구가 떴습니다. 흰 모자 마법사가 토리에게 스마트폰을 가져다대자 토리가 찍찍 소리를 냈어요. 그때 놀랍게도 스마트폰에서 장난끼 어린 아이의 목소리로 토리가 말하기 시작했어요.

"아~ 답답해! 답답하다고!"

"우와~ 아저씨 대단하다! 이게 토리 목소리예요?"

흰 모자 마법사는 시경이의 칭찬에 뿌듯한 표정을 지었어요. 그런 다음 본격적으로 토리의 말을 듣기 위해 스마트폰을 토리 곁에 놓아 두었어요.

"뭐가 답답해, 토리야?"

"어휴 답답해, 답답해! 도대체 내가 몇 번이나 말하는 거야! 바나나는 이제 지겹단 말이야! 해바라기 씨를 더 줘! 제때제때 청소도 안 해주고! 아빠가 있을 땐 그렇게 꼬박꼬박 청소를 해주더니… 아이고! 내 정신 좀 봐!"

뭔가 잊고 있었던 게 갑자기 떠오른 듯 제자리에서 팔짝 튀어오른 토리는 투명한 우리 쪽으로 쪼르르 달려와 벽에 바짝 붙더니 분홍 코와 앞발을 꾹 갖다대며 말했어요.

"지금 시경이 아빠가 갇혔어! 납치당했단 말야! 어서 구해야 해!"

그제서야 시경이는 번뜩 아빠를 본 지 오래됐다는 사실을 떠올렸습니다. 원체 일도 바쁘고 출장도 잦아서 자주 놀아주진 못하셨지만, 이렇게까지 오래 아빠를 본 적은 없었거든요.

"그러고 보니 아빠를 못본 지 너무 오래 된 것 같아… 왜 아무도 아빠를 찾지 않은 거지?"

흰 모자 마법사는 토리 곁에 둔 스마트폰 화면에서 "인공 지능 번역기 23초 남았습니다."라는 문장을 힐끔 보고는 쭈뼛쭈뼛 말했어요.

"시경아, 좀 더 빨리 질문을 해야 할 것 같은데. 사실 이 프로그램은 아주 많은 컴퓨팅 파워가 필요해서 전 세계의 클라우드 컴퓨터들을 몰래 사용하는 중이라 시간 제한이 있어. 그래서… 실은 한 번 사용하면 일주일 뒤에야 다시 사용할 수 있어."

"뭐라고요? 그걸 이제 말씀하시면 어떡해요! 그럼 아빠는 지금 어디 계신거야? 누가 납치를 했다는 거야?"

다급해진 시경이가 햄스터 우리를 흔들며 거의 소리치듯 말했어요.

"누가 납치했는지는 나도 잘 몰라. 그치만 아빠가 사라지기 전에 저기, 저기…"

땅이 흔들리는 바람에 어지러워진 토리가 비틀비틀거리며 쳇바퀴를 가리켰어요. 시경이가 다시 한번 햄스터 우리를 흔들며 토리를 다그쳤습니다.

"뭐? 어디?"

"아빠가 저기에 뭘 숨겨… 아이고 어지러워. 그만 좀 흔들어! 바로 저기 쳇바퀴에 아빠가 뭘 숨기셨단 말야. 지난 번에 청소할 때도 내가 말하려고 했…"

그러나 토리의 말이 끝나기도 전에 "띠 띠 띠" 소리와 함께 번역기 앱이 꺼지고 토리의 찍찍 소리만 들렸어요.

"벌써 끝난 거예요? 저기가 어디야! 아빠는 어디 계시냐고!"

"시경아, 진정하고 토리가 가리킨 곳을 잘 봐봐."

그제서야 쳇바퀴를 자세히 보자 쳇바퀴 아래에 짧은 선으로 연결된 동그란 장식품이 보였어요. 어째서 지금까지 보지 못했는지 이상할 정도로 수상쩍게 보였습니다. 시경이가 장식품을 꺼내려 햄스터 우리 뚜껑을 열고 손을 집어넣자 토리가 시경이의 팔을 타고 쪼르르 올라와 어깨에 앉았습니다. 장식품을 잡아당기자 기다란 선이 따라 나왔어요. 그 모양을 보던 흰 모자 마법사가 중얼거리듯 말했습니다.

"이건… USB잖아?"

"아빠가 남긴 메시지일지도 몰라요!"

그러자 토리가 그 말이 맞다는 듯 시경이의 어깨에 앉아 고개를 세차게 끄덕였어요.

서둘러 컴퓨터와 USB를 연결했습니다. 잠시 로딩 화면이 지나더니 곧 아주 커다란 깔때기가 반짝반짝 빛을 내는 것처럼 생긴 조형물 사진이 "모험의 시작: 차원의 문"이라는 글자와 함께 커다랗게 떠올랐어요. 그리고는 잠시 후 지직 소리가 들리더니 아빠 목소리가 들렸습니다.

> 시경아, 네가 이 USB를 발견했다는 건 지금쯤 나는 컴퓨터 세계에 갇혀 있다는 거겠지. 네게 이런 어려운 일을 부탁하고 싶진 않았지만, 지금 아빠를 구할 수 있는 건 시경이 너뿐이구나. (지직) 차원의 문…(지직) 이 프로그램을 실행시키면…

만약에 ~ 라면, 아니라면?

그때 갑자기 지직거리던 목소리조차 뚝 끊어지더니 화면에 다음과 같은 문구가 떴어요.

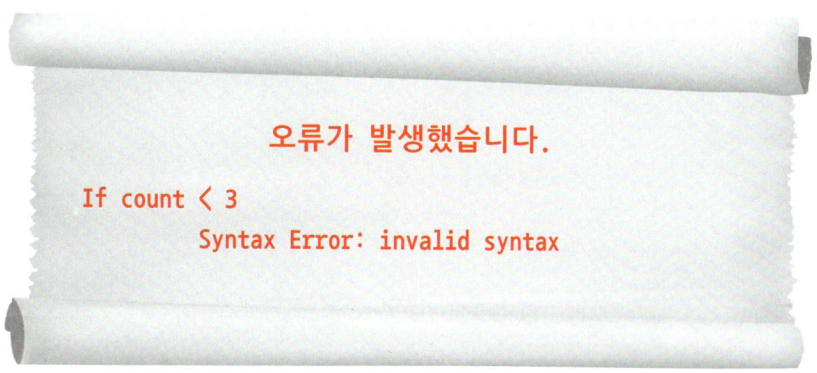

"어라? 왜 이러지? 컴퓨터가 이상해요. 고장 난 것 같아요!"

"흠… 이건 만약에 ~라면, 아니라면 명령이 잘못되었기 때문이야. 이걸 제대로 고치려면 if 명령어라는 걸 배워야 해."

"이걸 배우면 제가 아빠를 구할 수 있을까요?"

"물론이지! 아빠도 널 자랑스러워 하실 거야."

만약을 대비하는 if문

 자, 좀 전에 화면에 뜬 오류 메시지 기억해?

 그럼요! "오류가 발생했습니다!"라고 적혀 있었죠.

 그 아래에 영어 메시지 말이야.

 영어요? 잠시만요… 인터넷 번역기로 돌려 볼게요.

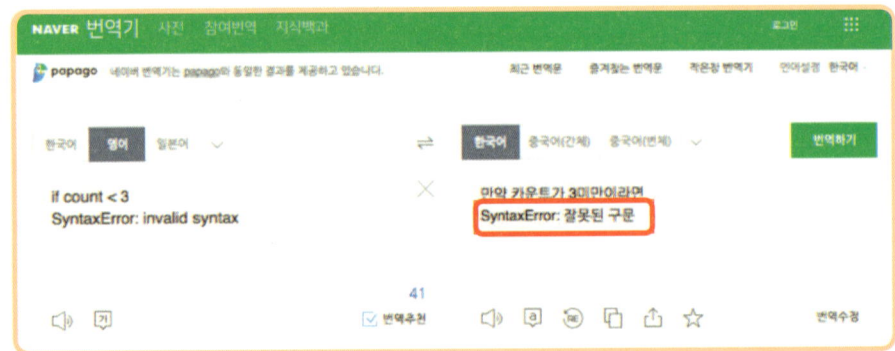

"잘못된 구문"이라… 뭔가 잘못되었다는 것 같은데요.

 맞았어. "만약"이라는 <u>if 조건문</u>이 잘못되었다는 거야.

 if 조건문이 뭐예요?

 음~ 좀 더 쉽게 이해할 수 있도록 시경이 네가 좋아하는 우주선 게임으로 이야기해볼까? 우주선이 다른 우주선을 격파하려면 미사일을 발사해야겠지? 미사일을 만들려면 어떻게 해야 될까?

 변수와 반복문으로 미사일을 피슝~ 하고 발사하죠.

 좋아. 그런데 악당 우주선이 미사일에 부딪쳐도 죽지 않으면 어떻게 될까?

만약에 ~ 라면, 아니라면?

 엥, 그러면 재미 없잖아요.

 맞아. 악당이 미사일을 맞으면 펑! 하고 폭발해야겠지? 바로 이때 조건문 이프(if)가 필요하단다. 조건문은 정말 악당이 미사일에 맞았는지 맞지 않았는지 조건을 판단해. 악당이 폭발하려면 미사일에 맞아야 한다는 조건을 판단하는 거지. 그래서 판단문이라고도 해.

 저 기억나요! 조건은 지난 번에 배웠잖아요. 반복문 while을 배우면서요. 그… 음… 아! 우주선이 0대 이상이면 무조건 반복문이 실행되는 것!

 오~ 대단한데. 맞았어. 이번에는 그 조건을 이용하는 판단문에 대해서 알아보자고. 먼저 간단한 판단문을 볼까?

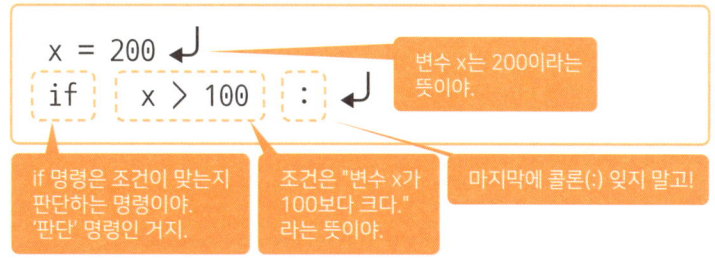

 아~ 그런데 지금 변수 x는 200이니까 판단문의 조건인 100보다 크잖아요. 그럼 어떻게 되나요?

 그렇다면 조건에 맞는 명령을 실행해야지. 여기서는 100보다 크다는 메시지를 출력해보자. 아래 명령어를 입력해볼까?

```
print("100보다 커요:", x) ↵
Backspace ↵
```

참고로 판단문(if)의 조건이 참(True), 즉 정답이라면 그 다음 줄에는 명령어를 입력할 때 앞에 4칸의 공백이 생긴 것을 볼 수 있을 거야. 하지만, 우리의 똑똑한 아이들(IDLE)은 조건이 참이라면 자동으로 4칸을 띄어주니 일일이 들어간 공백 개수를 헤아릴 필요가 없어!

자, 이제 백스페이스(Backspace)를 누르고 엔터를 치면 반복문의 내용이 끝났다는 뜻이야. 아마 문장 앞에 있던 공백 4칸이 없어질 거야.

우와! 정말 공백이 없어지고 파란색으로 "100보다 커요: 200"이라는 글자가 출력됐어요.

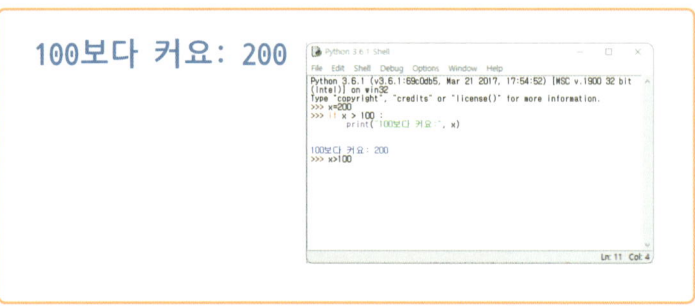

변수 x가 100보다 크다면 "100보다 커요"라는 문구와 변수를 출력하라는 명령을 걸었기 때문이지.

그럼 판단문의 조건을 만족한 거니까 참(True)이네요!

맞아. 참(True)이라는 걸 확인하는 아주 간단한 방법이 있지. 변수가 100보다 크냐고 물어볼까?

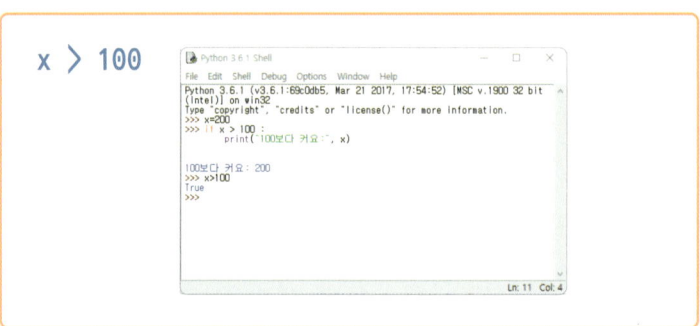

만약에 ~ 라면, 아니라면?

 정말 True라고 떴어요.

 그렇지. 자, 그렇다면 이 조건을 만족하지 않는 경우가 생긴다면 어떨까? 예를 들어서 변수 x의 값이 100보다 작다면 말이야.

 그럼… 조건에 맞지 않으니까 참의 반대인 거짓(False)이죠!

 오~ 점점 느는 걸? 맞았어. 조건을 만족하지 않는 것은 거짓(False)이지. 이렇게 조건을 만족하지 않을 때는 어떻게 출력해야 할지를 엘스(else)라고 해. "아니라면~"이라는 뜻이야. 자, 그럼 엘스를 추가했으니 소스 코드를 처음부터 다시 입력해볼까? 이번에는 변수 x가 50이야.

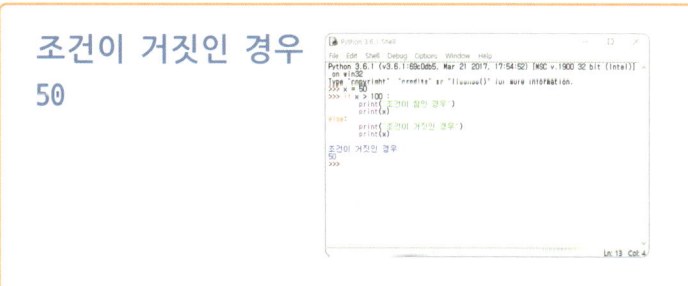

아~ 변수 x가 50이기 때문에 "if x > 100"이라는 조건이 거짓(False)이니까 "아니라면"이 실행되는 거군요.

 이쯤 하면 판단문은 모두 마스터한 것 같은데? 아주 잘했어.

 **마법사 아저씨와 함께 해봐요!**

오른쪽에 있는 QR 코드를 찍거나 주소를 입력하면 흰 모자 마법사 아저씨와 함께 'if 명령어'를 학습할 수 있어요.

https://youtu.be/Ntb7Lci0E6g

만약에 ~ 라면, 아니라면?

한참 동안 화면의 소스 코드를 뚫어져라 보던 시경이는 갑자기 뭔가를 발견한 듯 손뼉을 짝! 소리나게 치며 소리쳤어요.

"여기! 바로 여기 콜론(:)이 빠졌어요! 좋아, 여기에 콜론만 입력하면…"

콜론을 입력하고 엔터키를 누르자 다시 거대한 깔때기 모양의 조형물이 보이던 첫 화면으로 돌아가더니 이내 새로운 창이 떴어요.

"됐다! 제가 고쳤어요!"

시경이 두 팔을 번쩍 들며 환호하자 해바라기 씨를 깨물던 토리가 화들짝 놀라 자리에서 튀어올랐어요.

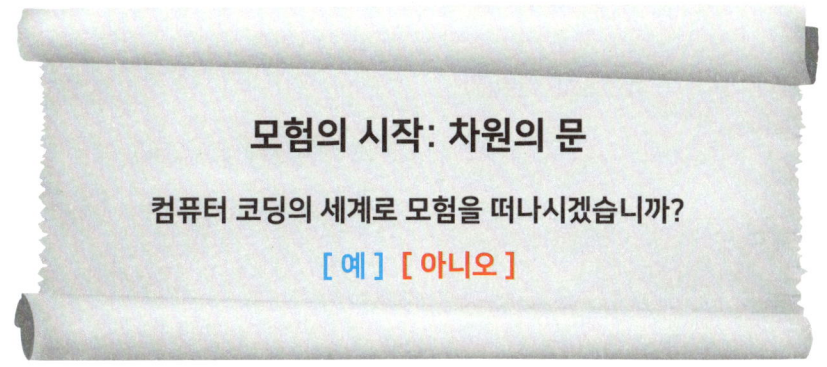

창에 뜬 문구를 보던 시경이 잠시 머뭇거리더니 힌 모자 마법사를 돌아보며 물었어요.

"아저씨도 같이 가실 거죠? 저 혼자서는 여기까지 오지도 못했을 거예요. 도와주실 거죠?"

흰 모자 마법사는 유쾌한 표정으로 말했어요.

"물론이지! 차원의 문을 건너가는 건 놀이기구 타는 것 보다 훨씬 더 짜릿하단다."

"좋아! 그렇다면 당연히 [예]!"

마우스 커서가 [예]를 누르자마자 온 사방이 일그러지더니 누군가 세게 확 잡아당기듯이 시경이와 흰 모자 마법사 그리고 토리까지 순식간에 모니터 안으로 빨려들어갔어요.

만약에 ~ 라면, 아니라면?

랜덤 모듈과 변수로 마법 부리기

모니터로 쏙 들어가자마자 보이는 것은 반짝 반짝 밤하늘처럼 빛나는 기다란 통로였어요. 통로에서 아래로 아래로 떨어지며 시경이는 잔뜩 신이 나 두 손을 번쩍 들고 환호성을 질렀어요.

"야호! 완전 신난다!"

"이번에 시스템 업그레이드가 되어서 통로가 너무 깊어져버렷… 으어~ 악~"

"아저씨, 짜릿하다면서요! 이렇게 손을 들어보세요! 재밌다구요!"

주먹을 꼭 쥐고 두 눈을 감고 있던 흰 모자 마법사가 힐끔 눈을 뜨더니 다급하게 시경이에게 손을 내밀며 소리쳤어요.

"이런, 벌써 갈림길에 도착했군. 시경아! 터널이 여러 개야! 길을 잃을 수도 있으니 어서 내 손 잡아!"

시경이 아래를 내려다보려 고개를 숙이자 토리가 시경이의 옷깃을 놓치고 공중으로 두둥실 떠올랐어요.

"앗, 안 돼. 토리야!"

그때 터널에서 거세게 끌어당기는 바람이 불어오고 흰 모자 마법사와 시경이, 토리 모두 손을 잡을 수 없을 만큼 멀어지기 시작했어요.

"시경아! 내가 널 찾으러 갈 테니까 꼼짝 말고..."

미처 말을 끝내지 못하고 흰 모자 마법사는 수많은 터널 입구 중 하나로 쏙 빨려 들어갔습니다. 토리도 공중에서 네 발을 바둥바둥 거리더니 쏙 하고 터널 안으로 사라졌어요. 이내 시경이의 눈 앞에도 블랙홀처럼 깊고 어두운 터널 입구가 등장했어요. 한참 동안 끝없이 터널을 미끄러져 내려가다 드디어 빛이 보이기 시작했습니다.

터널 밖은 텅 비어 있는 널따란 방이었어요. 방 한가운데 우뚝 선 시경이는 문득 아무 인기척도 느껴지지 않는다는 걸 깨닫고는 무서워지기 시작했어요.

"아저씨...? 아저씨 어디 계세요? 토리야!"

주변을 둘러보던 시경이는 저 멀리 벽 한가운데 있는 커다란 문을 발견하고 천천히 다가가 문을 열었습니다. 문을 열고 나오자 바깥은 마치 공상과학 영화 속 한 장면처럼 금속으로 된 높은 건물들이 푸른 빛을 내며 우뚝 서 있는 거대한 도시였습니다. 문 밖으로 나와 뒤를 돌아본 시경이는 방금 나온 곳이 아빠의 USB 화면에서 본 거대한 깔때기, 차원의 문이라는 걸 깨달았어요.

"도대체 여긴 어디지?"

홀로 건물들 사이를 걸으며 주변을 두리번거렸지만, 어둠 속 푸른 빛만 깜빡일 뿐 아무런 인기척이 느껴지지 않았어요. 문득 호기심이 생긴 시경이는 건물 가까이 다가가 벽을 가볍게 두드려 보았습니다. 그러자 마치 커다란 로봇을 두드리는 것처럼 안이 텅빈 쇠를 두드리는 소리가 났어요.

"이상하게 생겼네. 대체 여긴 어디지? 아저씨랑 토리는 어디로 간 걸까. 설마 여기 지금 나뿐인 거야?"

그때 누가 시경의 어깨를 톡톡 두드렸습니다. 불에 덴듯 화들짝 놀란 시경이가 뒤를 돌아보자 마치 만화 영화 속에서 방금 튀어나온 여왕님처럼 기다란 드레스를 입은 여자가 인자한 미소를 지으며 시경이를 바라보고 있었어요.

"네가 시경이구나."

"왁! 깜짝이야! 아줌마는 누구세요? 제 이름은 어떻게 아시는 거예요?"

"아줌마… 흠흠. 난 이 세계의 예언자 프로그램이란다. 미래를 예측하는 것이 내 일이지."

"우와~ 예언자요? 아, 그럼 혹시 저희 아빠가 어디 있는지, 그리고 제가 아빠를 구할 수 있는지도 볼 수 있어요?"

예언자는 싱긋 웃으며 고개를 끄덕이고는 지그시 눈을 감고는 마치 꿈을 꾸듯이 말했어요.

> 랜덤 모듈과 변수로 마법 부리기

"네 아빠는 검은 모자 마법사의 악랄한 술수에 걸렸어. 지금 어두운 감옥에 홀로 갇혀 있구나. 누군가 구해주길 기다리고 있어."

"그럼 제가 아빠를 구할 수 있을까요?"

예언자는 감고 있던 눈을 번쩍 뜨며 날카로운 눈빛으로 시경이를 보며 말했습니다.

"결코 쉽지 않을 거야. 네가 어떻게 하느냐에 따라 달렸지. 하지만 지금까지 해왔듯이 열심히 배우면 충분히 가능하단다. 이제 최종 미션이 머지 않았어."

"최종 미션이요? 그게 뭐예요?"

"쉽고 간단하지만 수많은 사람이 해내지 못했던 것. 그건 바로…"

시경이는 두 주먹을 꼭 쥐고 잠시 뜸을 들이는 예언자를 빤히 보며 다음 말을 기다렸어요.

"게임을 완성하는 거야."

그 말에 시경이는 맥이 풀린 듯 꽉 쥔 주먹을 내려놓으며 어깨를 으쓱 했습니다.

"그게 최종 미션이라고요? 에이, 저 코딩에는 자신 있어요. 그런 것쯤이야."

"호오, 그렇단 말이지? 하지만 내 눈에는 조금 다른 걸. 변수, 반복문, 조건문까지는 배웠지만… **랜덤 모듈**은 배운 적 없군. 여전히 부족해. 아직 배워야 할 게 많아."

"우와, 제가 배운 건 어떻게 아세요? 아줌마 진짜 예언자구나! 저 배우면 금방 배워요! 랜섬 모야인가 뭔기도 금빙 배울 거예요."

"랜덤 모듈이야. 아줌마도 아니고! 흠흠. 좋아, 그러면 얼마나 자신 있는지 한번 볼까?"

예측할 수 없는 게 더 재밌어! 랜덤 모듈

🧒 그런데 랜섬 모야는 뭐예요?

😓 **랜덤 모듈**이라니까. 게임을 완성시키려면 반드시 필요한 거지. 랜덤(random)이란 **규칙 없이 자기 마음대로**라는 뜻이야.

😓 흰 모자 마법사 아저씨는 그런 거 가르쳐준 적 없는데. 변수로 우주선을 규칙대로 움직이고, 반복문으로 규칙대로 반복하고, 조건문으로 규칙대로 미사일을 쏘고! 전부 규칙대로였던 걸요.

🙂 그렇지. 하지만, 우주선 게임에서 악당이 항상 똑같이 움직이면 어떻게 될까? 예를 들어, 항상 "왼쪽 한 칸 ➡ 오른쪽 한 칸" 이렇게 말이야.

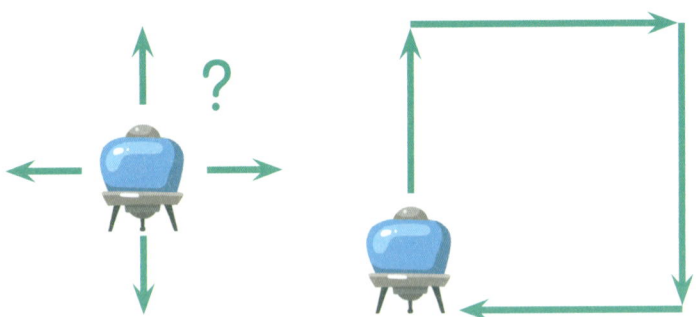

😓 그건 악당이 어디로 갈지 예상이 되잖아요. 그럼 게임이 너무 쉬워서 좀 시시할 것 같아요.

🙂 그래서 바로 랜덤 모듈이 필요한 거란다. 그럼 시작해볼까? 아이들(IDLE)이 뭔지는 알겠지?

🧒 에이~ 저 조건문까지 배웠다니까요.

랜덤 모듈과 변수로 마법 부리기

 그렇다면 먼저 아이들(IDLE)에 아래 명령을 실행시켜보렴.

> import random ↵

 아무런 변화가 없는데요?

 이 명령은 랜덤 모듈을 사용할 수 있도록 해주는 거란다. **Import (임포트)**는 "불러온다"라는 뜻이야.

 그럼 모듈은 뭐예요?

 모듈은 여러 가지 명령어들을 미리 모아 둔 파일을 말하지. 자, 이제 1부터 4까지 아무 숫자나 만들어 볼까?

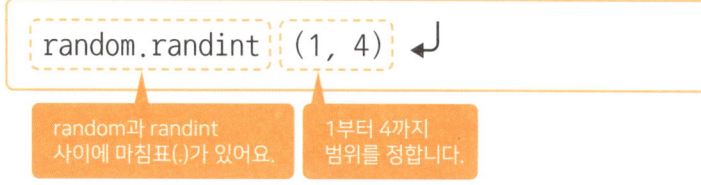

이 명령은 random 모듈에서 **randint 함수**를 실행시킨다는 뜻이야. randint 함수는 랜덤으로 숫자를 만들지.

 오! 화면에 뭔가가 출력됐어요! "4"라고요? 어째서 4가 나온 거예요?

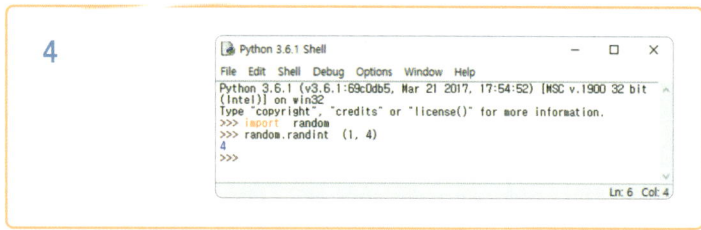

85

1부터 4까지 4개의 숫자 중 아무 숫자나 선택된 거야. 즉, 아무리 똑같은 코드를 여러 번 입력해도 매번 다른 숫자가 나오는 거지. 어디 진짜인지 계속 random.randint (1, 4)를 입력해볼까?

정말이네요! 4, 1, 1, 4, 2, 3… 숫자가 제멋대로 나와요.

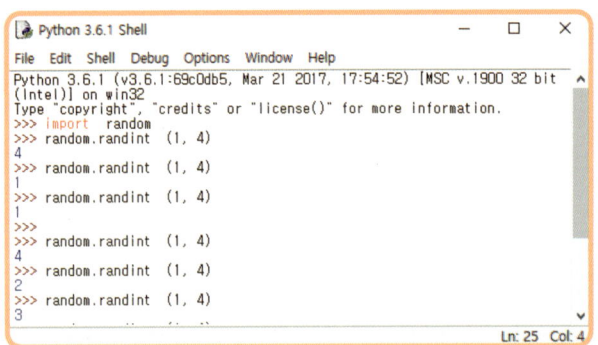

잘했어. 그러면 숫자 1부터 6 중에서 아무 숫자나 나오도록 명령하려면 어떻게 해야 할까?

에이, 절 뭘로 보시고. 그야 간단하죠! random.randint (1, 4)에서 4를 6으로 바꿔주면 돼요. random.randint (1, 6)으로 말이죠.

훌륭해! 이제 그만해도 되겠구나.

 **마법사 아저씨와 함께 해봐요!**

오른쪽에 있는 QR 코드를 찍거나 주소를 입력하면 흰 모자 마법사 아저씨와 함께 '랜덤 모듈'을 학습할 수 있어요.

https://youtu.be/aUH8cDvtk6U

86

랜덤 모듈과 변수로 마법 부리기

시경이는 잔뜩 신이 나 허리에 두 손을 척 올리고는 뿌듯한 표정을 지으며 말했어요.

"거봐요. 저 코딩 자신 있다니까요. 그럼 이제 아빠 구하러 가도 되나요?"

"좋아. 물론 아직 배워야 할 건 많지만 말이야. 저기 보이는 문을 지나가렴. 그러면 아빠가 갇힌 곳으로 곧장 가는 길이 나온단다."

"고마워요, 아줌마! 아, 아니 예언자 님!"

시경이는 예언자가 가리키는 방향으로 바로 뛰기 시작했어요.

더 재밌는 게임을 만드는 소스 관리하기

또다시 문을 열고 나가자 가장 먼저 보이는 건 빼곡하게 수많은 별이 박힌 밤하늘과 그 아래 끝없이 길게 늘어진 회색 담벼락이었습니다. 담벼락 한가운데에는 아주 단단해 보이는 문이 떡하니 버티고 있었습니다. 게다가 문 옆에는 마치 함부로 문을 열지 못하게 지키는 것처럼 스크린 화면이 밝은 빛을 내고 있었죠. 터치 스크린 가까이 다가가자 화면에는 커다란 글씨로 경고문이 떠있었어요.

> ### 경 고 문
>
> 문을 열면, 복잡한 미로가 만들어집니다.
> 중간에 길을 잃을 수 있으니 조심하세요.

"미로라고?!"

그때 뒤에서 시끌벅적한 소리, 우당탕탕 소리와 함께 문이 벌컥 열리고 토리가 바닥으로 쿠당탕 넘어지며 들어왔어요.

"토리야!"

반가운 표정으로 토리를 향해 달려가던 시경이는 뭔가 이상한 걸 느끼고 멈춰서서 토리를 위아래로 한번 훑어보고는 화들짝 놀라 소리쳤어요. 시경이의 손바닥 안에 쏙 들어오던 작은 햄스터가 순식간에 시경이의 키만큼 커져버렸기 때문이었죠.

"너… 너 왜 이렇게 커진 거야?"

그러자 토리가 눈물을 글썽이며 네발로 시경이를 향해 달려와 평소 하던 것처럼 품에 안기려고 했지만 시경이를 들이받고 말았어요.

"내가 얼마나 찾았다구! 찍! 여긴 온통 어둡고 아무리 둘러봐도 사람은 없고… 그런데 너 왜 이렇게 작아진 거야?"

"내가 작아진 게 아니라 네가 커진 것 같은데? 그보다 너 사람 말을 하고 있잖아!"

시경이와 토리가 서로 어리둥절한 표정으로 쳐다보던 도중 담벼락에 달린 터치 스크린에서 "띵동" 소리가 났어요. 그러더니 익숙한 얼굴이 둥실 떠올랐습니다.

"흰 모자 아저씨!"

"둘 다 여기 있었구나! 다행이다. 얼마나 찾아 헤맸는지… 어휴, 여기서도 모니터로 나오다니. 좀 멋있게 등장하면 어디가 덧나나… 예언자님도 정말…"

흰 모자 마법사는 늘 그랬듯이 끙끙 좁은 화면을 빠져나오며 구시렁거렸어요. 흰 모자 마법사가 미처 망토 자락을 빼내기도 전에 와락 달려든 시경이가 우는 소리를 하기 시작했어요.

"아저씨~ 어디 갔다 오신 거예요. 전 어떤 방으로 떨어졌다가, 문으로 나왔더니, 어떤 아줌마가… 아니 예언자를 만났는데, 랜덤 모듈 배우고 또 문으로 나왔더니, 담벼락이랑 별이랑 복잡한 미로가…"

"진정해, 시경아~ 자, 이제 이 담벼락 너머 뭐가 있는지 한번 볼까? 흐음… 미로라…"

그때 토리가 터치 스크린에 기대 서며 앞발로 화면을 꾹 누르자 화면이 옆으로 넘어가며 새로운 화면이 떴어요.

"앗, 깜짝이야! 찍! 어라? 여기 힌트가 있어!"

더 재밌는 게임을 만드는 소스 관리하기

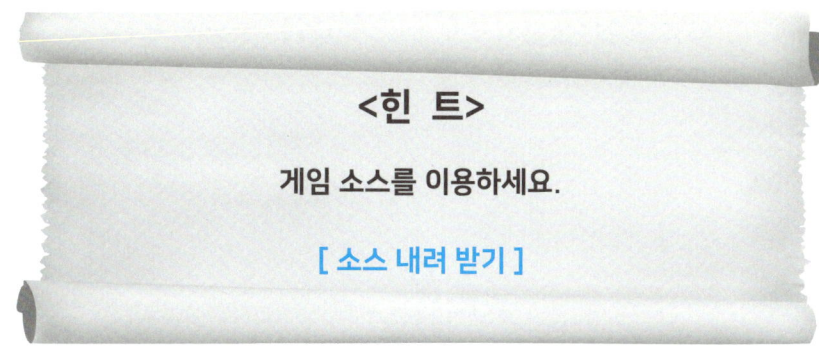

"오, 고마워. 토리야. 어이쿠 깜짝이야. 왜 이렇게 커진 거야?"

"게임이라고? 우린 지금 미로를 빠져나가야 하는데 갑자기 게임이라니요?"

흰 모자 마법사는 잠시 곰곰히 생각에 잠겨 콧수염을 어루만지더니 무언가 알아냈다는 듯 고개를 끄덕였어요.

"잘 봐. 막무가내로 미로로 들어가게 되면 길을 잃어 버릴 거야. 그러니 여기 이 터치 스크린에서 미로와 똑같은 게임을 만든 다음, 게임에서 찾은 길로 이 미로를 탈출하는 거야. 말하자면 이 미로를 빠져나갈 지도를 만드는 거지."

"아하, 무슨 말인지 알겠어요! 그럼 얼른 시작해봐요!"

시경이는 화면에서 [소스 내려 받기] 버튼을 꾹 눌렀어요.

차근차근, 안전하게 게임을 완성하기 위한 소스 코드 저장하기

 그런데 소스를 다운받을 수도 있어요? 소스는 키보드로 입력하는 거 아니에요?

 아차, 시경이는 아직 한번도 "불러오기"와 "저장하기"를 해본 적이 없구나? 지금까지 우리는 길어 봐야 2~10줄 정도 코드를 작성해왔지? 하지만, 게임 하나를 완성하려면 아주 간단한 게임이라도 소스 코드가 100줄이 넘는단다.

 와~ 엄청 기네요! 그렇지만, 그렇게 길었다간 잔뜩 소스 코드를 입력해놓고 꺼지면 어떻게 돼요? 처음부터 다시 해야 돼요?

 안타깝게도 그렇지. 그래서 중간 중간 소스를 저장해 두었다가 필요하면 다시 불러올 수 있어. 자, 그럼 소스를 어떻게 저장하는지 먼저 미로 게임 소스를 내려받아 볼까?

미로 게임 소스는 https://github.com/lovenamu/gamecoding/archive/master.zip 혹은 https://goo.gl/EjasvV에서 내려받을 수 있어. 소스 코드를 일일이 입력하는 게 어렵다면 오른쪽 QR 코드로 들어가면 바로 다운받을 수 있어.

https://goo.gl/EjasvV

자, 이렇게 다운받은 소스 코드를 저장했다면, 이제 저장된 소스 코드를 불러와야겠지? 늘 그랬듯이 아이들(IDLE)을 먼저 실행시켜줘. 하지만, 이번엔 소스 코드를 입력하는 대신 새로운 걸 해볼 거야. 아이들(IDLE) 제일 위 왼쪽에 있는 File(파일) 메뉴를 클릭하고 파일 메뉴 안에 있는 Open(열기) 버튼을 눌러보자.

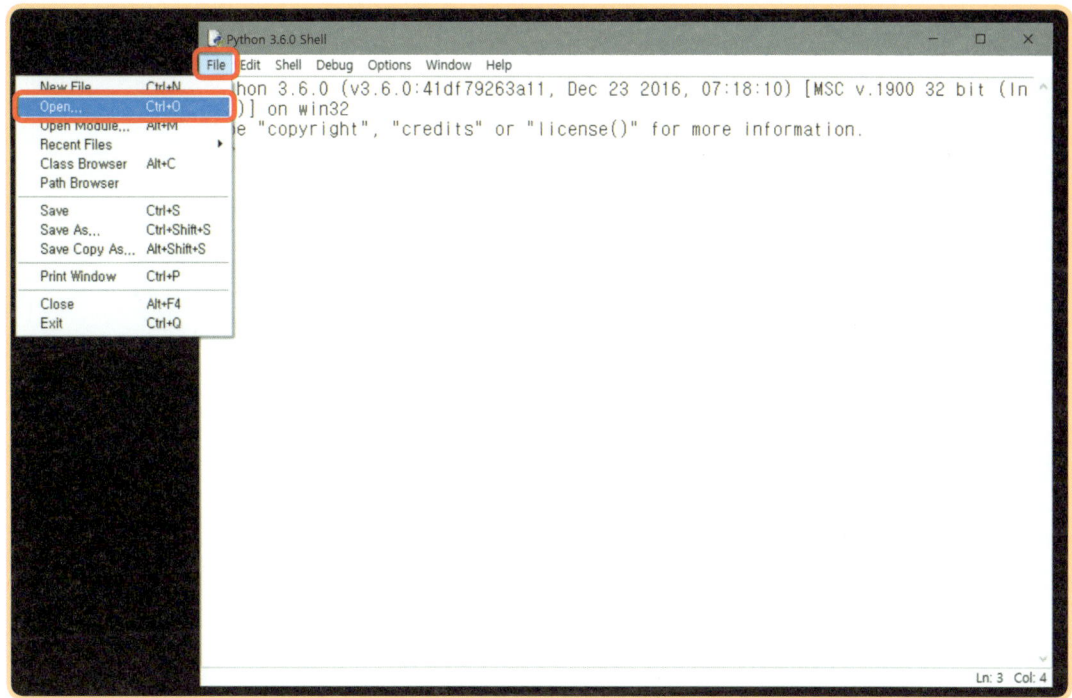

어랏, 새로운 창이 열렸어요!

좋았어. 그럼 왼쪽의 스크롤 바를 제일 위로 올려보렴.
거기서 Downloads 바로가기 아이콘을 클릭해 봐.

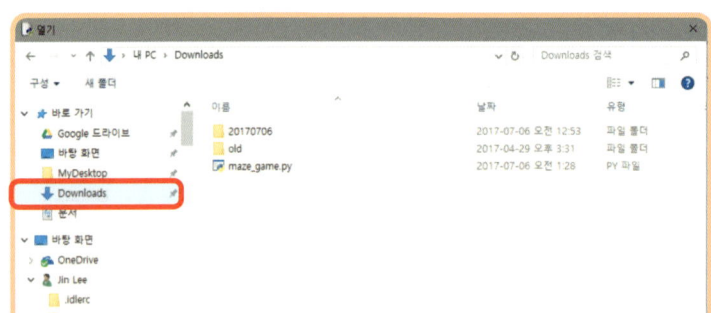

Downloads 아이콘을 클릭하면 좀 전에 내려 받은 미로 게임 소스 파일 maze_game.py가 있는 게 보이지? 소스 코드를 더블클릭하거나 마우스 오른쪽을 클릭해서 열기 버튼을 눌러보자.

아이들(IDLE)이 열렸어요. 와~ 뭔가 소스가 가득한데요?

코딩을 시작하는 마법 지팡이, 개발도구

 이 소스를 저장하려면 다시 File(파일) 메뉴를 누른 다음 Save(저장) 버튼을 클릭하면 돼.

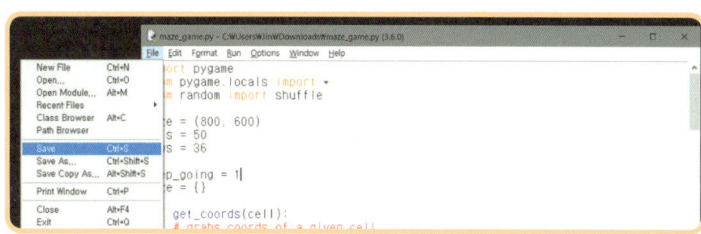

이제 불러온 소스를 게임으로 실행시켜야겠지? Run(실행) 메뉴를 마우스로 클릭하고 Run Module(모듈 실행)을 누르면 끝!

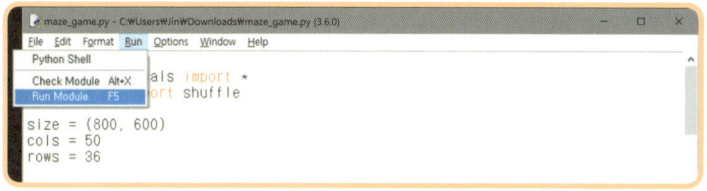

 **마법사 아저씨와 함께 해봐요!**

오른쪽에 있는 QR 코드를 찍거나 주소를 입력하면 흰 모자 마법사 아저씨와 함께 '소스 코드 불러오기 & 저장'할 수 있어요.

https://youtu.be/
RT006frcy50

95

아빠표 어린이 게임 코딩

흰 모자 마법사와 시경이, 토리는 나란히 서서 터치 스크린에 뜬 미로를 물끄러미 보고 서 있습니다. 이내 시경이가 눈을 반짝이며 거만하게 어깨를 으쓱했어요.

"뭐야, 되게 간단하네요. 이제 내 차례로군. 게임하면 또 저니까요."

시경이는 터치 스크린 아래에 있는 키보드의 화살표 키를 눌러가며 출발점에서 조금씩 움직여 나갔습니다. 막다른 길에 다다르자 모두가 동시에 탄식을 했다가 다시 찾아 나가기를 반복했어요.

드디어 마지막 통로를 지나며 시경이가 기쁜 표정으로 소리쳤어요.

"길을 찾았어요!"

"어서, 어서! 이 화면을 카메라로 찍어! 찍!"

그러자 흰 모자 마법사가 서둘러 탈출 지점에 도착한 미로 게임 화면을 스마트폰 카메라로 촬영했어요.

"좋아! 이제 훨씬 쉽게 미로를 빠져 나가겠어. 고생했어, 시경아. 이제 이걸로…"

그러나 흰 모자 마법사의 말이 끝나기도 전에 이미 미로 문을 벌컥 연 시경이가 두 사람을 돌아보며 잔뜩 신나는 얼굴로 소리쳤어요.

"얼른 와요! 빨리 아빠 구하러 가요!"

"찍! 같이 가!"

허둥지둥 시경이를 따라 흰 모자 마법사와 토리가 미로 안으로 들어갔어요. 세 사람이 모두 들어가자 열려 있던 미로 문이 스르륵 닫혔습니다.

함수로 아바타 만들기

겨우겨우 미로를 빠져나온 시경 일행은 잔뜩 지친 표정으로 터벅터벅 앞을 향해 걷고 있습니다. 어디로 가는지조차 모른 채 점점 어두워지는 앞을 향해 무작정 걷기 시작했습니다. 그러다 깊은 절벽과 마주쳤어요. 절벽 너머와 여기를 이어주는 길은 100년은 된 것처럼 낡은 나무 다리뿐이었어요. 믿을 수 없다는 표정으로 다리를 보던 시경이가 차마 떨어지지 않는 입을 뗐습니다.

"건너는 길은 여기뿐인가 봐요."

"찍찍… 어쩐지 으스스한 걸…"

"저길 봐. 저곳이 예언자님이 말씀하신 동굴 감옥 같아."

흰 모자 마법사가 손가락을 들어 다리 건너편을 가리키며 말했어요. 흰 모자 마법사 말 대로 다리 끝에서 희미하게 일렁이는 불빛에 창살이 쳐진 동굴 입구가 보였어요.

"저기예요! 저기 아빠가 계신 게 분명해요!"

"앗, 가면 안 돼! 시경아!"

무턱대고 다리 쪽으로 달려가려는 시경이를 흰 모자 마법사가 크게 소리쳐 불렀어요. 시경이가 삐걱대는 오래된 나무 다리에 한발을 올려 놓는 순간 저 깊은 절벽 아래에서 동굴 전체가 흔들릴 정도로 큰 포효 소리가 들렸어요. 깜짝 놀란 시경이는 달려가다 말고 그 자리에 주저앉았어요. 그 소리에 잔뜩 겁에 질린 토리는 다리 옆 표지판에 바짝 붙어 덜덜 떨면서 말했어요.

"꼭 TV 만화에서 보던 악당 용 소리 같아, 찍."

"용이라고?"

그때 표지판에서 띵똥 소리가 나자 깜짝 놀란 토리가 표지판을 빤히 보더니 소리쳤어요.

"엥? 여기도 터치 스크린이 있어, 찍!"

토리의 말에 흰 모자 마법사와 시경이가 모두 낡은 다리 옆에 표지판처럼 붙은 터치 스크린 곁으로 쪼르르 달려갔어요.

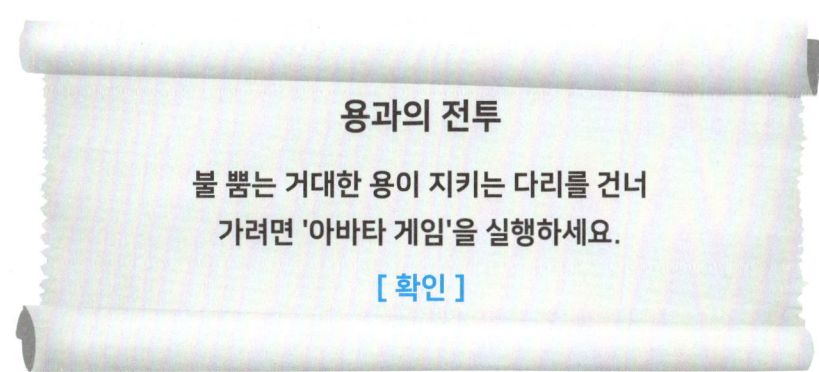

"부, 불을 뿜는다고? 난 못 가! 그러다가 햄스터 구이가 되면 어떡해! 찍!"

"진짜 용이라고? 어떡하지. 아바타 게임이 뭐예요, 아저씨?"

"내 생각엔 게임으로 아바타를 만들어야 하는 것 같아. 아까 미로를 건너기 전에 미리 미로 게임으로 길을 찾았지? 똑같이 아바타를 만들어서 다리를 건너가게 하는 거지."

"그럼 아바타가 대신 다리를 건너는 거예요?"

"하지만, 아바타가 네 아빠를 구하는 것까진 할 수 없으니 용의 시선을 끄는 데 사용하는 게 좋을 것 같아."

"찍찍, 으으~ 무서워~"

시경이는 막막한 표정으로 다리 건너 동굴을 보더니 이윽고 주먹을 꽉 쥐며 용감하게 말했어요.

"할 수 있을 거야! 아저씨! 아바타 게임을 시작해요!"

"좋~아! 그럼 게임을 시작한다."

흰 모자 마법사가 터치 스크린 아래에 있는 [아바타 게임 바로가기] 버튼을 꾹 누르자 갑자기 빨간색 글씨로 오류 메시지가 떴어요.

"어라? 이게 뭐지?"

함수로 아바타 만들기

```
File "m012_error.py", line 269, in <module>
    run_game(g_screen_width, g_screen_height, g_
        img_bg_top, g_img_bg_bottom, g_life)
TypeError: run_game() missing 1 required positional
argument: 'life'
```

흰 모자 마법사는 당했다는 표정으로 이마를 탁 치며 탄식하듯 말했어요.

"이런… 검은 모자 마법사가 게임을 실행시키지 못하도록 함수에 버그를 심어 두었나 보다!"

"함수? 버그?"

"어쩔 수 없지. 그럼 함수부터 시작해볼까?"

시키는 대로 척척, 함수 1

 함수란 쉽게 말하면 일을 시키는 거야. 여태까지 시경이 네가 게임을 시작할 때마다 게임 창(윈도우)을 켰었지? 그 창을 만들어 볼까?

 네, 좋아요!

 일을 시키려면 먼저 어떤 일을 해야 하는지 알려주어야겠지? 이걸 함수를 정의한다고 해. 그럼, 게임 창을 만드는 함수를 먼저 정의해 볼까?

먼저, 아이들(IDLE)을 실행시키는 거야. 그리고 File(파일) 메뉴를 누른 다음 New File(새 파일 만들기)을 클릭해보자. 이건 새로운 파이썬 파일로 게임을 만들기 위해서야. 그리고, 게임을 만들기 위해 파이게임(pygame)이라는 모듈을 이용할 거야.

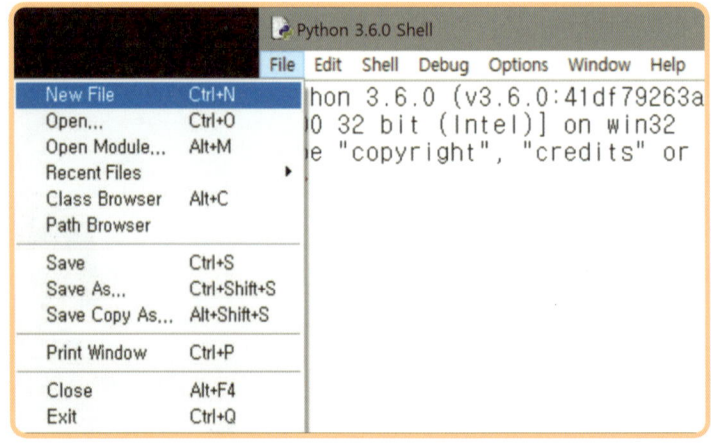

 모듈? 아~ 여러 가지 명령을 미리 모아 둔 거라고 예언자 아줌마가 그랬어요. 랜덤 모듈로 매번 다른 수를 만들었거요. 그리고 아저씨가 처음에 설치하는 방법을 알려준 거요. 게임을 만들기 위해 미리 코딩해 둔 거라면서요?

함수로 아바타 만들기

 오~ 아직까지 기억하다니 대단한데. 맞았어. 모듈이란 누군가 만들어 둔 소스 코드를 말하는 거란다. 그중에서도 파이게임 모듈은 특별히 게임을 만드는 데 필요한 소스를 모아 둔 거야. 파이게임을 이용하면 훨씬 쉽게 게임을 만들 수 있단다. 자, 좀 전에 import(임포트)는 불러오는 명령이라고 했었지? 이 명령을 이용해 파이게임을 불러오자.

```
import  pygame ↵
```

이제 게임 윈도우를 만드는 함수 init_game을 정의해보자.

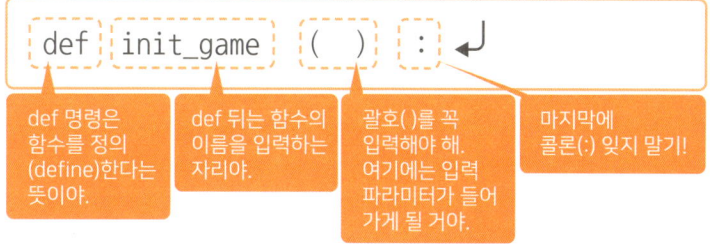

Why 함수에도 이름이 있다고?

3장에서 변수를 배우면서 변수에 이름을 지어줬던 거 기억나니? 마찬가지로 함수에도 저마다 이름이 있고 역할이 있어. 단, 함수 이름을 지을 때는 반드시 알파벳과 언더바(_) 그리고 숫자로만 지어야 해. 예를 들어, 바로 좀 전에 입력했던 게임을 만드는 함수 init_game처럼 말이야. 하지만, 숫자는 함수 이름 제일 앞에 넣을 수 없어. 함수 이름으로 abc3은 되지만, 3abc는 오류를 일으켜. 좀 복잡하지만, 재밌는 게임을 만들려면 꼭 필요하니 기억해 두는 게 좋겠지?

괄호 사이에 **입력 파라미터**가 들어간다고요? 입력 파라미터가 뭐예요?

 일을 시키기 위해 필요한 값들을 말한단다. 예를 들어, 지금 우리가 만들고 있는 게임 창의 크기를 정하는 데 필요한 폭과 높이가 될 수 있지.

 으으… 너무 복잡해요.

 그럼 우선 함수에게 일을 시키는 걸 마무리하고 조금 뒤에 다시 볼까? 일단 게임을 만드는 함수를 불러왔으니 이제 무슨 일을 시킬지 알려줘야겠지? 다음 소스 코드를 차근차근 입력해보자.

> 소스 앞에 4칸을 띄어주자. 물론 똑똑한 우리 아이들(IDLE)이 자동으로 4칸을 띄어줄 거야.

```
    pygame.init() ↵
    sc = pygame.display.set_mode((600, 400)) ↵
    Backspace ↵
    ↵
```

 백스페이스(Backspace)를 누르니까 소스 앞에 있던 빈 칸 4개가 사라졌어요.

 빈 칸이 없어졌다면 함수 정의가 끝났다고 알려주는 거란다. 그리고 엔터키를 한 번 더 눌러주면 끝! 조금 복잡하지?

 조금 복잡하네요. 여기서… 엔터키를 한 번 더 클릭! 그런데 딱히 변한 게 없는 것 같은데… 이게 끝이에요?

함수로 아바타 만들기

 함수에게 어떤 일을 해야 할 거라고 알려준 셈이야. 이제 일을 시작하라고 말해줘야 해.

 어휴, 정말 일일이 다 알려줘야 되네요.

 맞아. 컴퓨터는 바보거든. 자, 함수를 정의했으면, 이제 정말로 일을 시켜야겠지? 일을 시키는 걸 다른 말로 함수를 호출한다고 해. 방법은 아주 간단해. 다음 소스를 입력해볼까?

```
init_game() ↵
```

 엥? 그냥 함수 이름이랑 괄호 아니에요?

 맞았어. 어때, 아주 간단하지? 자, 그럼 지금까지 입력한 소스를 실행시켜 볼까? 아이들(IDLE) 메뉴에서 Run(실행) 메뉴를 클릭한 다음 Run Module(모듈 실행) 버튼을 눌러 보렴.

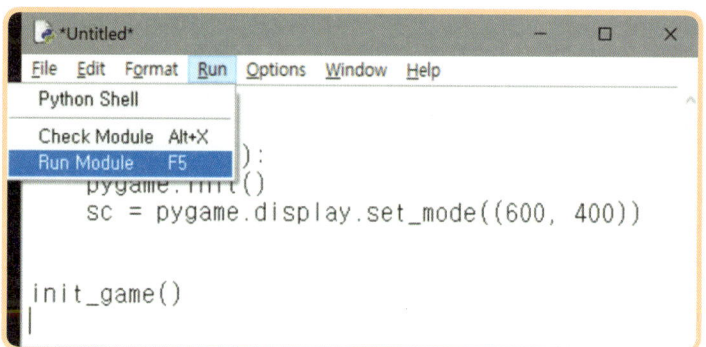

 엇, 뭔가 떴어요. 어떡하죠?

 우리가 지금까지 입력한 소스를 실행시키기 전에 먼저 저장해야 한다는 뜻이야. 혹시나 소스가 잘못되면 처음부터 다시 입력해야 하니까 말이지. [확인] 버튼을 누르고 소스 파일의 이름과 저장할 곳을 알려주자.

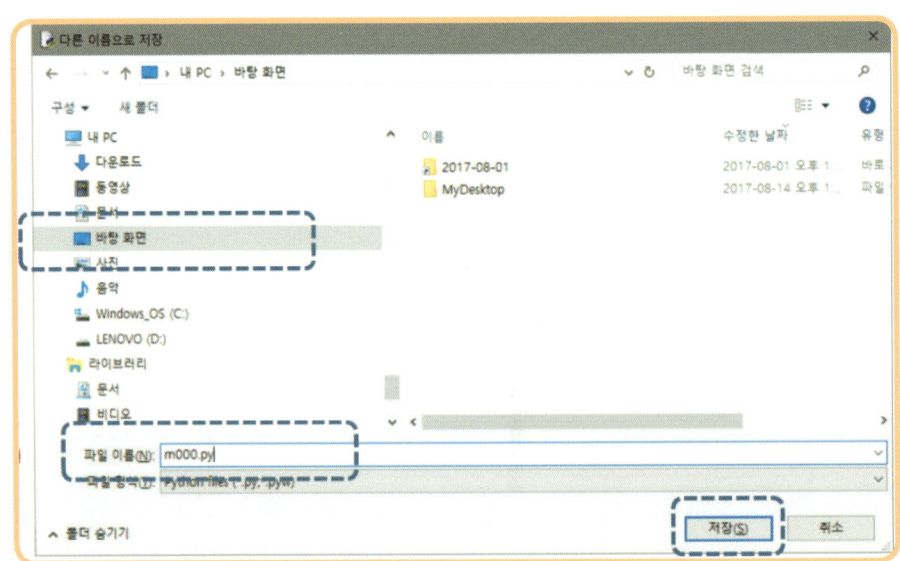

함수로 아바타 만들기

 소스 파일을 저장할 위치는 **바탕화면**으로, 파일 이름은 **m000.py**로 해주고 **저장** 버튼을 누르면 끝! 어라, 정말 창이 생겼어요! 이게 우리가 함수한테 시켜서 만든 창이죠?

 그렇지! 함수가 아주 일을 잘해주었구나.

 그치만 아직 함수가 정확히 무슨 일을 하는지 잘 이해가 안 돼요.

 그럼 함수와 좀 더 친해질 수 있도록 다음 단계로 넘어가 볼까?

 **마법사 아저씨와 함께 해봐요!**

오른쪽에 있는 QR 코드를 찍거나 주소를 입력하면 흰 모자 마법사 아저씨와 함께 '함수 사용'을 학습할 수 있어요.

https://youtu.be/A5TnGzFNJec

시키는 대로 척척, 함수 2

 함수는 시키는 대로만 일을 하기 때문에 어떻게 일을 시키느냐에 따라 결과가 천차만별이지. 함수가 일을 잘 하려면 입력과 출력을 잘 알아야 해.

 입력, 출력이요?

 우리 좀 전에 함수로 게임 창을 만들었지? 그 게임 창 크기를 다르게 만들려면 어떻게 해야 할까?

 음… 글쎄요. 함수한테 크기를 바꿔달라고 하면 되지 않을까요?

 그렇지. 함수를 호출할 때 원하는 윈도우 크기를 알려주는 것이 바로 입력 파라미터(Input Parameter), 줄여서 입력이라고 해. 그리고 함수 호출이 끝났을 때 우리가 원하는 윈도우 크기가 만들어지겠지? 그걸 출력(Output)이라고 한단다.

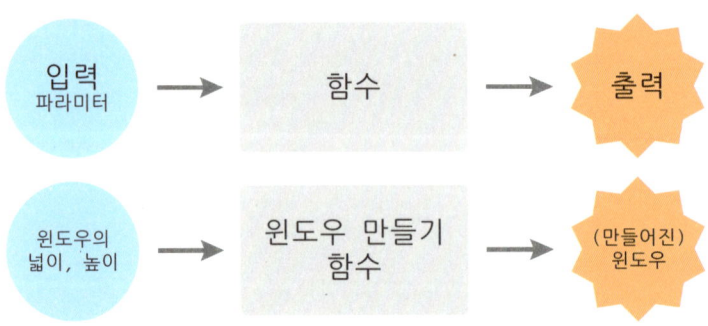

함수로 아바타 만들기

 음~ 알듯말듯 좀 어려워요.

그럼 직접 윈도우 창 크기를 변경하는 소스를 입력하면서 차근차근 알아볼까? 다시 아이들(IDLE)을 실행시킨 다음 아까 만든 파일을 불러오자. File(파일) 메뉴에서 Open(불러오기)을 눌러보자.

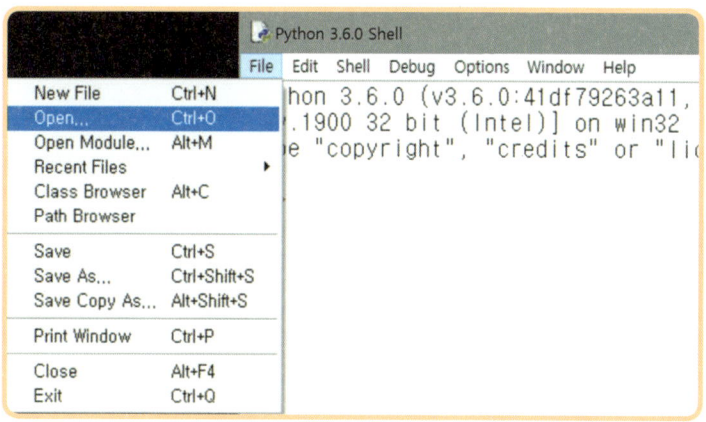

Open(불러오기) 버튼을 누르면 열기 창이 뜰 텐데 여기서 좀 전에 바탕 화면에 저장해 둔 m000.py 파일을 불러올 거야. 먼저 열기 창 왼쪽에서 스크롤을 움직여 바탕 화면 아이콘을 찾아보자. 그런 다음 m000.py 파일을 선택하고 열기 버튼을 눌러 봐.

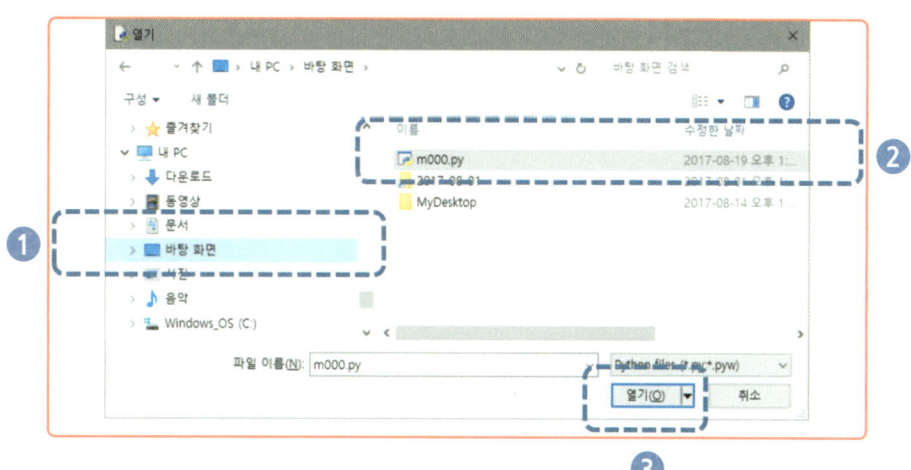

오! 아까 입력했던 소스 파일이 떴어요.

```
import pygame

def init_game ():
    pygame.init()
    sc = pygame.display.set_mode((600, 400))

init_game()
```

 이제 이 소스를 고쳐서 다른 이름으로 저장할 거야. 뭘 고치기로 했었는지 기억나니?

 게임 창 크기요!

 좋았어. 그럼 먼저 게임 윈도우를 만드는 함수 init_game을 고쳐 볼까? 입력 파라미터에서 넓이를 뜻하는 width와 높이를 뜻하는 height를 추가해서 원하는 게임 창 크기를 만들 거야.

❶ 함수를 정의할 때 입력했던 괄호 사이에 입력 파라미터들을 입력해보자.

```
def init_game ( width, height ) :
    pygame.init()
    sc = pygame.display.set_mode(( width, height ))
    return  sc
```

❷ 좀 전에 창을 만들 때 이 입력 파라미터들을 사용했었어.

❸ return은 입력한 대로 윈도우를 만들어 보여 주는 명령이야.

함수로 아바타 만들기

지금까지 입력한 소스를 다른 이름으로 저장해볼까? 다시 한번 아이들(IDLE) 메뉴에서 File(파일)을 클릭하고 Save As(다른 이름으로 저장) 버튼을 눌러 보렴.

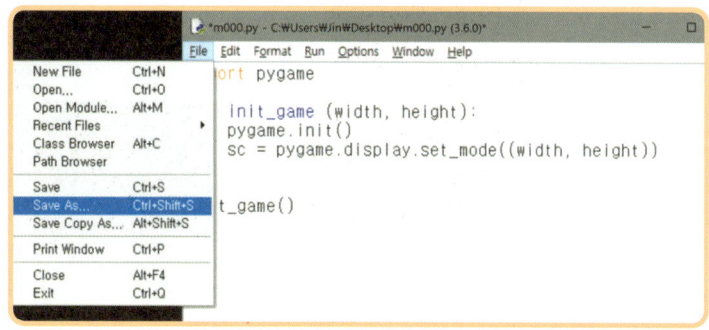

먼저 저장되어 있던 파일과 헷갈리지 않도록 수정한 소스 파일의 이름을 바꿔보자. 다른 이름으로 저장 창에서 파일 이름을 m001.py로 바꾸고 저장 버튼을 클릭하면 돼.

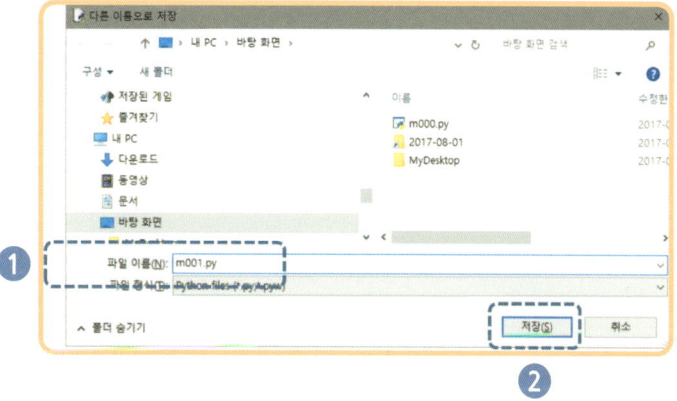

이제 바탕화면에 m000.py과 m001.py 파일, 총 2개가 있어요.

그럼 지금까지 입력한 소스를 실행시켜서 정말 창 크기가 바뀌었는지 확인해볼까? 아이들(IDLE) 메뉴에서 Run(실행)을 클릭하고 Run Module(모듈 실행)을 눌러 보렴.

111

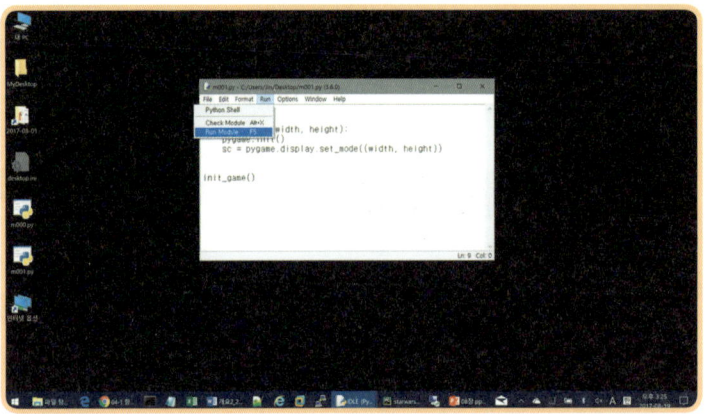

으악! 이게 뭐예요! 빨간 오류 메시지가 잔뜩 떴어요!

흠~ 함수 init_game( )에서 입력 파라미터로 width와 height가 추가되었는데, 함수를 호출하는 쪽에서는 아직 안 고쳤네. 다음처럼 소스를 고치면 바로 해결할 수 있지!

함수로 아바타 만들기

```
import pygame

def init_game (width, height):
    pygame.init()
    sc = pygame.display.set_mode((width, height))

screen = init_game(800, 600)
```

 자, 이제 다시 실행해볼까? 좀 전처럼 소스를 저장해야 한다는 창이 뜨면 꼭 [확인] 버튼을 눌러줘.

 오, 이제 오류가 없어졌어요! 그런데 궁금한 게 있어요. 소스 제일 아래에 screen = init_game(800, 600)은 뭐예요?

 아주 좋은 질문인걸? 좀 전에 함수 init_game이 윈도우를 만들었지?

 네. 함수가 만든 결과를 출력이라고 하잖아요.

 그렇지. 함수가 만든 출력을 다른 변수 screen에 저장해 두는 거란다. 나중에 주인공이나 악당을 화면(윈도우)에 그리려면 필요하기 때문이지.

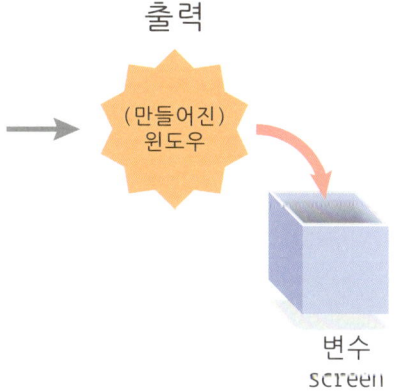

 아하! 그럼 이제 함수도 마스터했으니까 어서 버그 잡고 아빠 구하러 가요!

 **마법사 아저씨와 함께 해봐요!**

오른쪽에 있는 QR 코드를 찍거나 주소를 입력하면 흰 모자 마법사 아저씨와 함께 '함수 수정'을 학습할 수 있어요.

https://youtu.be/
UGtatm_wygA

시경이는 잔뜩 거만한 표정으로 어깨를 으쓱하며 팔을 쭉 뻗어 기지개를 켜고는 자신감 가득한 목소리로 말했습니다.

"자, 이제 뭐가 잘못됐는지 어디 한번 볼까? 아하, 알았다! 함수 run_game을 호출할 때 입력 파라미터 부분이 잘못되어 있어요! 그렇죠, 아저씨?"

"맞았어!"

"좋아, 그렇다면… 함수 run_game을 호출할 때, 윈도우 넘겨주는 것을 빼먹도록 했네요. 제가 고쳤어요!"

"찍찍~ 어서 실행시켜 봐, 시경아!"

소스 코드를 고친 뒤 다시 [아바타 게임 실행] 버튼을 꾹 누르자 마치 오래 전 오락실에서나 볼 법한 게임 화면이 떴습니다. 게임 화면에 커다란 용과 시경이와 꼭 닮은 아바타가 나타나더니 외나무 다리 위에도 흐릿하게 시경이를 닮은 아바타가 나타났어요. 그러자 다시 한번 땅 전체가 흔들리는 듯한 큰 포효 소리가 들리더니 이내 거센 바람이 불며 다리 위로 용이 모습을 드러냈습니다. 겁에 질린 토리가 시경이 등 뒤로 숨었어요. 시경이도 겁이 났지만 다리 건너편 동굴 감옥을 보며 다시 한번 주먹을 꽉 쥐었어요.

"와… 엄청 크잖아? 자, 어디 실력 발휘 좀 해볼까?"

용이 불을 뿜자 게임 속 용도 불을 뿜기 시작했어요. 시경이가 화살표 키를 눌러 용이 뿜는 불을 요리조리 피하자 다리 위 시경이를 닮은 아바타도 용이 뿜는 불을 피해 다리를 뛰어다니기 시작했습니다. 잔뜩 약이 오른 용이 커다란 날개를 펄럭였어요.

"뭐야, 별거 아니잖아? 어디 한번 쏴보시지~"

게임 화면과 다리 위를 번갈아가며 보던 흰 모자 마법사가 소리쳤어요.

"게임을 하는 동안에는 용이 정신이 없는 것 같구나. 이 틈에 얼른 다리를 건너자!"

"엇, 그럼 제가 이렇게 게임을 하고 있으면 저는 다리를 어떻게 건너죠?"

그때 토리가 비장한 표정으로 시경이의 어깨에 토실토실한 앞발을 얹으며 말했어요.

"걱정마, 찍! 내가 하고 있을게! 너는 얼른 가서 아빠를 구해!"

"토리야… 하지만, 그럼 넌…"

"난 걱정마! 이래 봬도 네가 게임하던 걸 어깨너머 구경한 경험이 있으니까 말야, 찍."

"알겠어. 내가 꼭 아빠를 구해서 돌아올게. 그럼 부탁할게!"

토리가 게임 화면 앞에 앉자 시경이와 흰 모자 마법사는 다리를 뛰어 건너기 시작했어요. 머리 위에는 무시무시하게 커다란 용이 희미하게 반짝이는 아바타를 향해 엄청난 불을 내뿜고 있었습니다.

함수로 아바타 만들기

정신 없이 뛰어 아바타 곁을 막 지나려던 순간 용이 뿜은 불이 아바타를 정통으로 맞추사 아바타가 지지직 소리를 내며 희미해지기 시작했습니다. 그러자 시경이의 뒤에 바짝 붙어서 뛰던 흰 모자 마법사가 다급하게 소리쳤어요.

"시경아! 서둘러야 될 것 같아!"

시경과 흰 모자 마법사가 전속력으로 달려 다리를 건너는 순간 아바타가 마지막으로 희미하게 지지직 거리더니 사라졌습니다. 다리 건너편에 주저앉은 두 사람은 안도의 한숨을 내쉬었어요.

"토리가 이렇게 게임을 못할 줄이야…"

바지를 털며 자리에서 일어난 시경이가 비장한 표정으로 등 뒤의 동굴 감옥을 바라보았습니다.

"여기군요. 아빠가 갇힌 곳이."

함수로 아바타 만들기

게임 구현하기

어둑하고 깊숙한 동굴. 창살로 막힌 입구 양 옆에는 횃불이 바람에 일렁이고 주변은 고요했습니다. 주위를 두리번거리던 흰 모자 마법사가 동굴 입구 옆에 달린 터치 스크린을 가리켰어요.

"여기도 터치 스크린이 있어. 역시 이 문을 열려면 코딩을 해야 할 것 같아."

그러나 시경이는 흰 모자 마법사의 목소리가 들리지 않는지 잔뜩 겁에 질린 표정으로 동굴 가까이 다가갔습니다.

"아빠…? 아빠 여기 있어요?"

창살로 가로막힌 어둑한 동굴 안을 보던 시경이는 갑자기 창살을 꽉 잡는 흰 손에 화들짝 놀라 뒤로 물러섰어요. 어둠에 가려 아빠의 얼굴은 보이지 않았지만, 익숙한 아빠의 목소리가 들렸어요.

게임 구현하기

"시, 시경이니…?"

"아빠…? 아빠예요?"

"미안하다, 시경아. 너까지 끌어들이고 싶지 않았는데…"

"어떻게 된 거예요? 왜 아빠가 여기 갇힌 거예요?"

"검은 모자 마법사 짓이야. 녀석을 없애려 게임에 해제 코드를 숨겼더니 그걸 눈치 채고선 이런 짓을…"

"제가 구해드릴게요, 아빠! 조금만 기다리세요!"

그때 바람이 핵 불며 횃불 하나가 꺼지고 동굴 입구 왼편에 있던 터치 스크린이 켜졌어요.

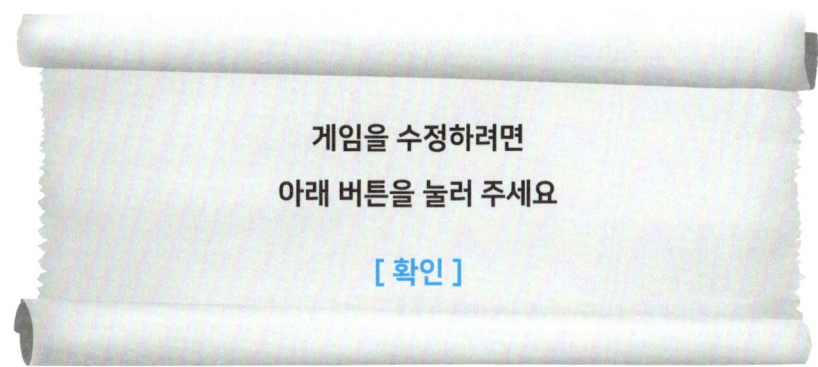

"이게 뭐야? 게임을 수정하라고?"

그때 아빠가 창살 쪽으로 몸을 더 가까이 붙이며 손가락으로 화면을 가리키며 말했어요.

"바로 그거야! 그 게임에 검은 마법사를 제거할 해제 코드가 숨겨져 있어. 검은 마법사가 그걸 알고는 악성 코드를 집어 넣어 버렸어."

또 다시 바람이 불어 나머지 횃불도 꺼지자 온통 어두워졌어요.

"시경아! 곧 검은 모자 마법사가 나타날 거야. 이런, 여기 갇히지만 않았어도…"

"아저씨, 어떡하죠?"

"저 게임에 숨어 있는 악성 코드를 제거해서 게임을 완성시켜야 해! 어서…"

그때 강한 바람이 불며 거대한 날개를 가진 용이 머리 위로 나타났어요. 그러더니 이내 검은 모자 마법사의 야비한 목소리가 동굴에 쩌렁쩌렁 울려퍼졌습니다.

"오호~ 반가운 손님들이 둘이나 늘었구만."

창살 안에서 아빠가 다급하게 속삭였어요.

"녀석이야! 시경아, 어서 도망가!"

"저게 검은 모자 마법사…? 검은 모자 마법사가 새였어요?"

그 말에 발끈한 검은 모자 마법사가 용 위에서 못마땅한 얼굴을 빼꼼 내밀었어요.

게임 구현하기

"용이거든?! 아무튼! 별 볼 일 없는 꼬마인 줄 알고 내버려뒀더니 네 아빠처럼 골칫거리만 만들고 여기저기 쑤시고 다니더군. 이젠 널 그냥 놓아줄 수 없게 됐구나."

"당장 우리 아빠를 풀어줘, 이 악당아!"

검은 모자 마법사가 코웃음치며 말했어요.

"감옥이 1인용이라 어쩔 수 없구만. 이 자리에서 없애주마!"

용의 입에서 불길이 치솟는 순간 어딘가에서 파란 불꽃이 날아와 용의 얼굴에 정통으로 부딪쳤습니다. 파란 불꽃을 맞은 용은 공중에서 비틀거렸습니다. 시경이 놀라 돌아보자 흰 모자 마법사가 또 다른 파란색 불꽃을 만들어내며 소리쳤어요.

"시경아! 이때야! 어서 게임을 완성시켜!"

"네? 그치만 어떻게 완성시켜야 하는지 모르는 걸요!"

머리 위에서 잔뜩 화가 나 고래고래 소리지르는 검은 모자 마법사의 목소리가 들려왔어요.

"이 자식들이! 날 뭘로 보고! 자, 검은 용! 저 녀석들을 깡그리 불태워버려!"

용이 뿜은 불꽃이 시경이와 흰 모자 마법사 사이에 내려와 꽂히며 동굴이 크게 흔들렸어요. 다급해진 흰 모자 마법사가 파란 불꽃을 쏘면서 어깨너머 시경이를 보며 말했어요.

"지금까지 열심히 했잖아! 날 믿고 얼른 시작해봐!"

아빠표 어린이 게임 코딩

시경이 울상을 지으며 어쩔 줄 몰라 하자 창살 너머 손을 뻗은 아빠가 시경이의 손을 꼭 잡았어요.

"걱정마. 우리가 널 도와줄게. 프로그램을 실행하면 인공지능 컴퓨터도 널 도와줄 거야. 가상 환경에서 게임을 완성시킬 수 있어."

"인공지능 컴퓨터요?"

"맞아, 인공지능 컴퓨터가 도와줄 테니 지금은 네가 배운 걸 최대한 떠올려서 해보렴."

시경이 고개를 끄덕이며 모니터 아래 [확인] 버튼을 누르자 눈 앞이 지직 거리더니 눈 앞에 가상 환경이 실행되었어요. 눈이 닿는 곳마다 눈 앞에 글자가 나타나 정보를 알려주었어요. 마치 공상 영화의 한 장면처럼요. 신기해서 자꾸만 주변을 두리번 거리는 시경이의 귀에 인공지능의 목소리가 들렸습니다.

"블랙햇(Black hat)의 악성 코드가 존재합니다. 악성 코드를 제거하고 함수 run_game을 완성하려면, 소스에서 blackhat을 찾아주세요."

"블랙햇? 어떻게 블랙햇을 찾아요?"

"Edit(편집) 메뉴를 클릭하고 편집 메뉴 안에 있는 Find(찾기) 버튼을 누르세요."

시경이는 인공지능 컴퓨터의 지시에 따라서 아이들(IDLE)의 메뉴를 클릭했어요. 그리고 blackhat을 입력하고 찾기 버튼을 눌렀어요.

"어~ 소스에 정말 블랙햇이 있어요!"

"소스를 선택한 다음, 삭제(DELETE) 키를 누르세요."

"삭제! 이제 끝난 거죠?"

이때 멀리서 흰 모자 마법사의 비명 소리가 들렸어요.

"으악!"

검은 모자 마법사의 웃음 소리도 들리네요.

"하하~ 이 용은 맷집이 좋다구. 흰 모자 마법사! 이제 마지막이야~"

시경이는 다급하게 인공지능 컴퓨터에게 말했어요.

"끝난 거 아니에요?"

"아직 2군데에 블랙햇 소스가 더 있습니다. 다음 찾기(Find Next) 버튼을 눌러서 제거해주세요."

시경이는 다급하게 다음 찾기 버튼을 누른 다음, 악성 코드 소스를 제거하기 시작했어요. 하나를 제거하자 인공지능 컴퓨터의 목소리가 들려옵니다.

"악성 코드 소스가 1개 남았습니다."

이때 흰 모자 마법사가 용의 불을 피하다가 그만 돌에 걸려 넘어져 버렸습니다.

"어이쿠~"

그러자 검은 모자 마법사가 공중에서 야비한 웃음 소리를 내며 소리쳤어요.

"흰 모자 마법사, 이제 정말 마지막이다. 검은 용~ 불을 뿜어라!"

"으~아~ 조금만 기다리세요. 이제 끝났어요!"

시경이가 마지막 남은 악성 코드 소스를 제거하자 화면에 새로운 창이 떴습니다.

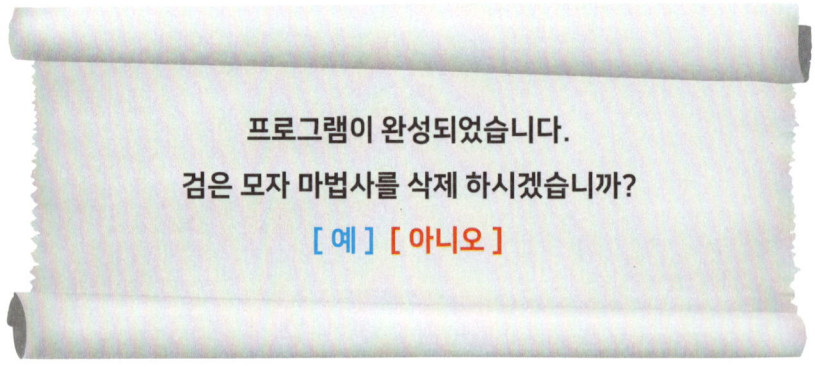

"당연히 "예"죠!"

시경이가 [예] 버튼을 누르자 동굴 입구를 가로 막고 있던 창살이 끼긱끼긱 소리를 내며 조금씩 올라가기 시작했어요. 그때 용 위에 앉아 있던 검은 모자 마법사가 지직거리며 형태가 희미해지는 자신의 손을 보고 겁에 질려 소리쳤어요.

"이, 이게 뭐야. 설마… 이 건방진 꼬마 녀석이…! 검은 용~ 저 녀석을 당장 없애 버려!"

용이 무시무시한 송곳니를 드러내며 시경이를 향해 불을 뿜었고 뒤늦게 날아오는 불을 발견한 시경이는 그 자리에서 얼어붙고 말았어요. 그때 열린 창살 사이로 재빠르게 빠져나온 아빠가 시경이를 품에 안으며 불꽃을 맞고 땅에 쓰러졌습니다.

"아빠!"

그때 흰 모자 마법사가 쏜 파란 불꽃이 용의 배에 맞았습니다. 그 충격에 용이 공중으로 추락하기 시작했습니다. 검은 모자 마법사의 형태도 거의 희미해지더니 외마디 비명소리와 함께 절벽 아래 어둠으로 사라졌어요.

칠흑같이 어두운 절벽 아래로 완전히 사라진 검은 모자 마법사를 지켜보던 시경이는 그제야 쓰러진 아빠를 발견했어요.

"안 돼… 아빠! 정신차려 보세요. 아저씨, 저 좀 도와주세요. 아빠가…"

시경이가 흰 모자 마법사에게 도움을 청하며 뒤를 돌아봤지만 어디에도 흰 모자 마법사의 모습은 보이지 않았습니다. 당황한 시경이가 쓰러진 아빠를 흔들자 아빠의 얼굴이 드러났습니다. 아빠의 얼굴을 본 시경이는 당황한 표정으로 그 자리에 얼어붙고 말았어요. 아빠의 얼굴이 흰 모자 마법사의 얼굴과 꼭 닮았기 때문이죠. 순간 시경이는 자신이 지금까지 거짓말처럼 아빠의 얼굴을 잊고 있었다는 사실을 깨달았습니다. 그때 터치 스크린에서 "띵동" 소리가 나며 새로운 창이 떴습니다.

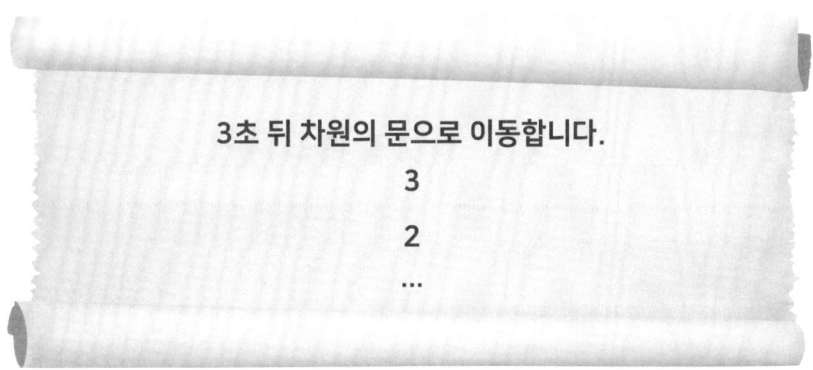

카운트다운이 끝나자 시공간이 일그러지면서 터치 스크린으로 빨려 들어가는 느낌이 들자 시경이 서둘러 아빠의 손을 꽉 잡았어요.

Why 게임을 개발하는 A to Z

지금까지 참 많은 걸 배웠지. 변수, 반복문, 조건문, 랜덤 모듈, 소스 관리까지… 하지만 완벽한 게임을 개발하려면 더 다양한 것들이 필요하고 더 많은 단계가 필요해. 게임 개발 단계를 모두 정리하면 다음과 같아.

게임 개발 단계
- 초기화 및 종료 처리
- 이벤트 루프
- 배경 화면 그리기
- 주인공 그리기
- 키보드 이벤트 처리
- 주인공을 키보드로 움직이기
- 악당(드래곤) 그리기
- 드래곤 움직이기
- 드래곤 불 뿜기
- 주인공의 공격: 창 던지기
- 충돌 점검
- 게임 종료: 계속할지 물어보기
- 남은 생명 수 보여주기
- 주인공의 공격: 창 던지기

너무 복잡하다고? 걱정하지마. 이 모든 단계를 꼼꼼하게 다룬 소스를 부록에서 만날 수 있으니까! 또 어려운 내용은 흰 모자 마법사 아저씨가 동영상으로 하나씩 설명해줄 거야. 자, 이제 정말로 게임을 완성해보자고.

아 참, 더 재밌는 게임을 만들려면 주인공과 악당을 그릴 이미지 파일과 신나는 배경 음악 파일도 필요하겠구나. 아래 주소로 들어오면 게임에 필요한 파일들이 있어. 파일이 여러 개가 있어서 압축 파일로 꽉 묶어 두었으니 먼저 압축을 푼 다음 dgame 폴더에 있는 m015.py 파일을 아이들(IDLE)로 열어서(Open) 실행(Run)시키면 돼. 자, 이제 아주 신나는 게임을 만들어 봐!

소스 및 다른 파일들을 다운로드 받을 수 있는 곳
https://github.com/lovenamu/gamecoding/archive/master.zip 혹은 https://goo.gl/EjasvV

여행을 마무리하며

눈을 번쩍 뜨자 익숙한 천장이 보였어요. 책상 한켠에 놓인 햄스터 우리에서는 다시 조그만하게 변한 토리가 쳇바퀴 위를 열심히 달리고 있었어요. 여전히 풀지 못한 수학 숙제 노트도 어지럽게 놓여 있었고요.

"여긴 내 방이잖아? 이게 어떻게 된 일이지?"

침대에서 벌떡 일어난 시경이는 햄스터 우리로 바짝 다가가 비밀 이야기를 하듯이 다급히 속닥거렸어요.

"토리야, 무사해서 다행이야! 그나저나 혹시 우리가 어떻게 돌아왔는지 알고 있어? 흰 모자 마법사 아저씨는? 응?"

그러나 무심한 표정으로 시경이를 힐끔 본 토리는 다시 쳇바퀴 위를 신나게 달리기 시작했어요.

"그렇지! 아저씨랑 얘기를 나누던 마법 톡 앱이…"

다급히 스마트폰을 켠 시경이는 감쪽같이 사라진 마법 톡 자리를 보며 허무한 표정으로 두 팔을 축 늘어뜨렸어요.

"어라, 이게 어떻게 된 일이지…?"

그때 거실에서 현관문이 열리더니 쾌활한 아빠 목소리가 들렸어요.

"아빠 왔다~"

그 소리에 시경이는 후다닥 방문을 열고 달려나가 아빠를 꽉 끌어 안았어요.

"아빠, 보고 싶었어요! 무사하셔서 너무 다행이에요. 토리랑 흰 모자 마법사 아저씨가 도와준 덕분에 미로도 빠져나오고 그리고 음… 용도 물리치고 아빠도 구하고…"

아빠는 잠시 당황한 표정을 짓더니 곧 자상하게 미소 지으며 시경이의 머리를 쓰다듬었어요.

"우리 시경이가 아주 재밌는 꿈을 꿨구나."

"꿈이라고요…?"

아빠는 너털웃음을 터뜨리며 등 뒤에 숨겨왔던 선물 꾸러미를 내밀었어요.

"자, 여기 출장 선물이란다. 네가 그렇게 갖고 싶어하던 흰 모자야."

얼떨떨한 표정으로 선물을 받아드는 시경이를 보며 아빠가 미안한듯 웃으며 한번 더 시경이의 머리를 쓰다듬었어요.

"아이고, 아빠가 출장 일정이 늦어지는 바람에 많이 기다렸구나. 하지만 아빠도 사정이 있었단다. 블랙햇 해커(Black-hat hacker)를 만나는 바람에 하마터면 큰일 날 뻔했지 뭐야. 다행히 화이트햇 해커(White-hat hacker)가 도와줘서 무사히 마무리 됐어."

여행을 마무리하며

"블랙햇 해커? 화이트햇 해커? 그게 뭐예요?"

"음… 어떻게 설명해야 좋을까. 그렇지! 쉽게 말하면 검은 모자 마법사, 흰 모자 마법사라고 할까? 검은 모자 마법사는 코딩으로 범죄를 일으키는 악당을 말한단다."

그 말에 시경이는 눈을 반짝이며 되물었어요.

"그럼… 흰 모자 마법사는요?"

"나쁜 검은 모자 마법사를 물리치는 착한 마법사지. 블랙햇 해커를 막는 전문가야."

아빠의 말을 듣고 잠시 생각에 잠겨 있던 시경이는 이내 싱긋 웃으며 후다닥 달려가 아빠의 등 뒤에 매달리며 어리광을 부렸어요.

"아빠! 저랑 같이 게임해요. 예전에 같이 했던 차원의 문 게임이요."

"아직 그걸 기억하고 있었어?"

아빠는 잠시 옛 생각에 잠긴 듯 미소를 띠고는 턱을 어루만졌어요.

"처음 만든 거 치곤 꽤 잘 만든 게임이었는데…
좋아, 오랜만에 우리 같이 게임 해 볼까?"

시경이와 아빠는 컴퓨터 전원을 켰어요.

부록

시경이가 낡은 나무 다리에서 하던 불 뿜는 용을 물리치는 게임 기억나나요? 우리도 용을 물리치는 게임을 함께 만들어볼까요? 엄청 긴 소스 코드가 어려워 보인다고요? 걱정마세요! 지금까지 배운 것들을 차근차근 복습하다보면 어느새 재밌는 게임이 뚝딱 만들어져 있을 테니까요.

> **Why** 더 재밌는 게임을 만드는 파일을 더하자!
>
> 게임을 실행시키려면, 소스 파일 뿐 아니라, 이미지 파일과 음악 파일들이 있어야 합니다. 게임에 필요한 파일들을 다운로드 받을 주소는 다음과 같습니다.
>
> https://github.com/lovenamu/gamecoding/archive/master.zip 혹은 https://goo.gl/EjasvV
>
>

위의 파일을 다운로드 받은 다음에, 압축을 풀어주세요. 소스 파일 m015.py 및 이미지 파일과 음악 파일들은 dgame이라는 폴더 아래에 있어요. 여기서 dgame은 차원의 문 게임(dimension gate game)의 줄임말입니다.

아래 소스를 입력했는데, 잘 안 되는 친구들이 있나요? QR 코드를 스캔해보세요. 동영상을 보면서 같이 코딩해보아요.

https://youtu.be/bqYHSvBvBFc

최종 소스: m015.py

```python
import pygame
import random
import os

width = 900
height =  700

speed_dx = 4
speed_dy = 2
max_life = 3

max_spear = 6
speed_spear = 5
spear_point = 4

max_fire = 9
speed_f = 3
max_life_d = 100

screen = None
img_top = None
img_down = None
img_player = None
img_dragon = None
img_fire = None
img_exp = None
img_spear = None

music_exp = None
music_spear = None

def init_game():
    global screen
```

```
        global img_top, img_down
        global img_player
        global img_dragon
        global img_fire
        global img_exp, music_exp
        global img_spear, music_spear

        os.environ['SDL_VIDEO_WINDOW_POS'] = "40, 40"

        pygame.init()

        screen = pygame.display.set_mode((width, height))

        img_top = pygame.image.load("bg_top.jpg")
        img_down = pygame.image.load("bg_bottom.jpg")
        img_down = pygame.transform.scale( img_down, (width, 100))
        img_player = pygame.image.load("boy.png")
        img_player = pygame.transform.scale(img_player, (80, 106))
        img_dragon = pygame.image.load("dragon.png")
        img_dragon = pygame.transform.scale(img_dragon, (400, 160))
        img_fire = pygame.image.load("dragon_fire.png")
        img_fire = pygame.transform.scale(img_fire, (40, 30))
        img_exp = pygame.image.load("explosion.png")
        img_exp = pygame.transform.scale(img_exp, (120, 100))
        img_spear = pygame.image.load("spear.png")

        pygame.mixer.init()
        pygame.mixer.music.load("bg_music.mp3")
        pygame.mixer.music.play(-1)
        music_exp = pygame.mixer.Sound("explosion_music.wav")
        music_spear = pygame.mixer.Sound("spear.wav")


def update_player(pos_x, pos_y, move_x, cool_time):
    pos_x += move_x

    if pos_x < 0:
        pos_x = width
```

```python
        if pos_x > width:
            pos_x = 0

        if cool_time > 0:
            screen.blit(img_exp, (pos_x - 20, pos_y - 20))
            cool_time = cool_time - 1

        screen.blit(img_player, (pos_x, pos_y))

        return pos_x, cool_time


def update_dragon(pos_dx, pod_dy, move_dx, move_dy):
    if pos_dx <= 0:
        move_dx = speed_dx

    if pos_dx >= width - 400:
        move_dx = -1 * speed_dx

    if pod_dy < 20:
        move_dy = speed_dy

    if pod_dy > 300:
        move_dy = -1 * speed_dy

    pos_dx = pos_dx + move_dx * (random.random() * 4)
    pod_dy = pod_dy + move_dy

    screen.blit(img_dragon, (pos_dx, pod_dy))

    return pos_dx, pod_dy, move_dx, move_dy


def update_fire(fire_pos, pos_dx, pod_dy):
    do_fire = random.random()

    if do_fire < 0.07:
        for j in range(0, max_fire):
```

```python
                if fire_pos[j] == (0, 0):
                    addition = random.random() * 10
                    fire_pos[j] = (pos_dx + 60 * addition, pod_dy + 90)
                    break

        for i in range(0, max_fire):
            if fire_pos[i] != (0, 0):
                screen.blit(img_fire, fire_pos[i])
                fire_pos[i] = (fire_pos[i][0], fire_pos[i][1] + speed_f)
                if fire_pos[i][1] >= height:
                    fire_pos[i] = (0, 0)


def check_collide(x, y, w, h, x2, y2, w2, h2):
    ret = False
    is_y = False
    is_x_left = False
    is_x_right = False

    if y2 < y < y2 + h2:
        is_y = True

    if x <= x2 + w2:
        is_x_left = True

    if x + w >= x2:
        is_x_right = True

    if is_y and is_x_left and is_x_right:
        ret = True

    return ret


def player_collide(x, y, fire_pos, cool_time):
    is_collide = False

    fire_rect = img_fire.get_rect()
```

```python
        w2 = fire_rect[2]
        h2 = fire_rect[3]
        player_rect = img_player.get_rect()
        w = player_rect[2]
        h = player_rect[3]

        if cool_time > 0:
            return False

        for i in range(0, max_fire):
            if fire_pos[i] != (0, 0):
                x2 = fire_pos[i][0]
                y2 = fire_pos[i][1]
                is_collide = check_collide(x, y, w, h, x2, y2, w2, h2)
                if is_collide == True:
                    fire_pos[i] = (0, 0)
                    break

        return is_collide


def show_life(font, life, life_d):
    t1 = font.render("Player-%d" % life, True, (255, 255, 255))
    screen.blit(t1, (5, 5))

    t2 = font.render("드래곤-%d" % life_d, True, (255, 255, 255))
    screen.blit(t2, (500, 5))

    return


def update_spear(spear_pos):
    for i in range(0, max_spear):
        if spear_pos[i] != (0, 0):
            screen.blit(img_spear, spear_pos[i])
            spear_pos[i] = (spear_pos[i][0], spear_pos[i][1] - speed_spear)
            if spear_pos[i][1] <= 10:
                spear_pos[i] = (0, 0)
```

```python
        return


def dragon_collide(spear_pos, x2, y2):
    is_collide = False

    spear_rect = img_spear.get_rect()
    w = spear_rect[2]
    h = spear_rect[3]
    dragon_rect = img_dragon.get_rect()
    w2 = dragon_rect[2]
    h2 = dragon_rect[3]

    for i in range(0, max_spear):
        if spear_pos[i] != (0, 0):
            x = spear_pos[i][0]
            y = spear_pos[i][1]

            is_collide = check_collide(x, y, w, h, x2, y2, w2, h2)
            if is_collide:
                spear_pos[i] = (0, 0)

    return is_collide


def run_game():
    running = True
    is_win = False

    pos_x = width / 2
    pos_y = height - 120
    move_x = 0
    life = max_life

    pos_dx = 20
    pod_dy = 30
    move_dx = speed_dx
```

```python
        move_dy = speed_dy
        life_d = max_life_d

        fire_pos = []
        for i in range(0, max_fire):
            fire_pos.append((0,0))

        cool_time = 0

        spear_pos = []
        for i in range(0, max_spear):
            spear_pos.append((0,0))

        font = pygame.font.SysFont("malgungothic", 25)

        while running:
            for event in pygame.event.get():
                if event.type == pygame.QUIT:
                    running = False
                if event.type == pygame.KEYDOWN:
                    if event.key == pygame.K_LEFT:
                        move_x = -5
                    if event.key == pygame.K_RIGHT:
                        move_x = 5
                    if event.key == pygame.K_SPACE:
                        for i in range(0, max_spear):
                            if spear_pos[i] == (0, 0):
                                music_spear.play()
                                spear_pos[i] = (pos_x + 10, pos_y - 10)
                                break
                if event.type == pygame.KEYUP:
                    if event.key == pygame.K_LEFT or event.key == pygame.K_RIGHT:
                        move_x = 0

            screen.fill((0, 0, 0))
            screen.blit(img_top, (0,0))
            screen.blit(img_down, (0,620))
```

```
            update_spear(spear_pos)

            is_dragon_collide = dragon_collide(spear_pos, pos_dx, pod_dy)
            if is_dragon_collide:
                music_exp.play()
                life_d = life_d - spear_point
            if life_d <= 0:
                is_win = True
                running = False
                break

            (pos_dx, pod_dy, move_dx, move_dy) = update_dragon(pos_dx, pod_dy, move_dx, move_dy)

            update_fire(fire_pos, pos_dx, pod_dy)
            is_collide = player_collide(pos_x, pos_y, fire_pos, cool_time)
            if is_collide:
                life = life - 1
                cool_time = 50
                music_exp.play()

            pos_x, cool_time = update_player(pos_x, pos_y, move_x, cool_time)

            show_life(font, life, life_d)

            pygame.display.update()

            if life <= 0:
                running = False

    return is_win


def game_over(is_winner):
    is_restart = False

    font1 = pygame.font.SysFont("malgungothic", 60)
    font2 = pygame.font.SysFont("malgungothic", 25)
```

```python
        screen.fill((0, 0, 0))
        screen.blit(img_top, (0, 0))
        screen.blit(img_down, (0, 620))

        if is_winner:
            t1 = font1.render("[성공] 드래곤을 물리쳤습니다.", True, (255, 255, 255))
        else:
            t1 = font1.render("[실패] Game Over", True, (255, 255, 255))
        screen.blit(t1, (20, 100))

        t2 = font2.render("게임을 다시 하려면 'Y'를, 끝내려면 'N'을 누르세요.", True, (255, 255, 255))
        screen.blit(t2, (20, 300))

        pygame.display.update()

        running = True
        while running:
            for event in pygame.event.get():
                if event.type == pygame.QUIT:
                    is_restart = False
                    running = False
                if event.type == pygame.KEYDOWN:
                    if event.key == pygame.K_ESCAPE:
                        is_restart = False
                        running = False
                    elif event.key == pygame.K_y:
                        is_restart = True
                        running = False
                    elif event.key == pygame.K_n:
                        is_restart = False
                        running = False

    return is_restart


init_game()
```

```
main_running = True
while main_running:
    is_win = run_game()
    main_running = game_over(is_win)

pygame.quit()
```

아빠표 어린이 게임 코딩